Adrian Zielcke

Unverkennbar **STUTTGART**

Rosenstr.
31-39
Sophie M

Adrian Zielcke

Mit Fotografien
von Wilhelm Mierendorf

Unverkennbar STUTTGART

Eine Liebeserklärung

Silberburg-Verlag

Der Autor:
Adrian Zielcke ist 1945 im fränkischen Neuendettelsau geboren. Er lebt – mit Ausnahme der Studienjahre – seit 1954 ununterbrochen in Stuttgart. Studium der Geschichte und Slawistik in Tübingen und München, anschließend Besuch der Deutschen Journalistenschule. Vom 1. Dezember 1970 bis zum 1. März 2010 Mitglied der Redaktion der »Stuttgarter Zeitung«, seither freier Autor und regelmäßiger Kolumnist von »Sonntag Aktuell«.

Der Fotograf:
Wilhelm Mierendorf, 1955 in Flensburg geboren, wuchs in Calw auf. Ausbildung zum Fotografen, dann zum Zeitungsredakteur. Zwölf Jahre Redaktionsfotograf bei der »Stuttgarter Zeitung«, seitdem freiberuflich als Bildjournalist für Industrie und Zeitschriften unterwegs. Seit über 30 Jahren lebt er in Stuttgart und fühlt sich hier wohl.

Bild auf der Einbandvorderseite: Vom Weißenburgpark geht der Blick über Stuttgart-Süd.

Vorsatzblätter: Nächtlicher Blick über Stuttgart

Seite 2/3: Impression aus dem Bohnenviertel

Seite 4: Die Stuttgarter lieben ihren Fernsehturm.

1. Auflage 2011

Umschlaggestaltung:
Christoph Wöhler, Tübingen.
Druck: Grammlich, Pliezhausen.
Printed in Germany.

ISBN 978-3-8425-1103-3

Besuchen Sie uns im Internet
und entdecken Sie die Vielfalt
unseres Verlagsprogramms:
www.silberburg.de

Inhaltsverzeichnis

Vorwort

Ich liebe Stuttgart. Na und? Es scheint schließlich nichts Außergewöhnliches, seine Heimatstadt zu lieben. Das tut fast jeder. Aber zum einen lebe ich seit mehr als 50 Jahren in dieser Stadt. Zum anderen habe ich mir diese Liebe erkämpft. Denn als Flüchtlinge waren wir nach dem Zweiten Weltkrieg lange Zeit wenig willkommen. Die Neuankömmlinge selbst kapselten sich wiederum oft gegen die Einheimischen ab, sie blieben bis weit in die sechziger Jahre unter sich.

Heute ist Stuttgart zwar auch noch eine schwäbische Stadt, sie ist aber vor allem eine internationale, in der sich mehr als 100 Nationalitäten wohl und zu Hause fühlen. Wer heute sonntagnachmittags auf der Königstraße flaniert, wird sich schwertun, schwäbische Laute zu hören. Es wird – unter anderem! – italienisch, türkisch, kroatisch, arabisch und chinesisch gesprochen. Italienische Zeitungen schreiben einhellig in ihrem Urteil über deutsche Städte, Stuttgart sei die »italienischste Stadt in Deutschland«. Der halb-offizielle Führer »Touring« schreibt anerkennend: »Beseelt vom Genießergeist zeigt Stuttgart an sonnigen Sommertagen eine fast mediterrane Atmosphäre.« Dem kann ich nur zustimmen. Es ist eine Leichtigkeit in die Stadt hineingekommen, die Fähigkeit, schöne Feste in der Stadt zu feiern – die man früher den protestantischen Schwaben nicht zugetraut hat.

Das städtische Kunstmuseum prägt heute das Bild von Stuttgart wie der Fernsehturm.

In den vergangenen Monaten habe ich auf meinen Streifzügen durch die Stadt viele bekannte Viertel neu erlebt. Ich habe viele Stuttgarterinnen und Stuttgarter kennengelernt, die ihrer Heimatstadt genauso tief verbunden sind wie ich, die genauso verwurzelt sind. Das freut mich sehr, ich habe viele neue Freundschaften geschlossen.

Stuttgart hat auch an Selbstbewusstsein gewonnen. Die alten Minderwertigkeitskomplexe gegenüber München sind geschwunden, man weiß inzwischen um den Rang unserer Stadt. Wie lange war es ein geflügelter Spruch: »Das Beste an Stuttgart ist die Autobahn nach München!« Lang ist's her. Heute sind alle Weltfirmen selbstverständlich in der Landeshauptstadt vertreten. Hier ist viel Geld, hier gibt es herausragende Kulturereignisse und immer wieder großen Sport.

Aber das alles erklärt noch nicht das Besondere, ja das Einzigartige an Stuttgart. Denn Kaufhäuser, Theater, Stadien, Modehäuser gibt es in jeder größeren Stadt. Dennoch gibt es viele Orte, die nur in Stuttgart zu finden sind, nirgends sonst. Sie gehören zum Kern der Stuttgarter Identität. Sie prägen uns, wie wir sie prägen. Das Grüne U, Bad Cannstatt, Uhlbach, der Westen, die Stäffele und vieles andere mehr habe ich bei meinen Wanderungen durch die Stadt in den vergangenen Monaten noch mehr als zuvor ins Herz geschlossen – genauso wie das Leuze, die Markthalle, den Fernsehturm, das Porsche- und das Mercedes-Benz Museum und natürlich das Kaufhaus Breuninger und das Kunstmuseum.

Im Lauf der Jahrzehnte ist meine Beziehung zu Stuttgart gewachsen, ich bin hier aufs Gymnasium gegangen, ich bin hier konfirmiert worden, hier habe ich mein gesamtes 40 Jahre währendes Arbeitsleben verbracht – trotz mancher Verlockungen aus Hamburg, München und Berlin. Ich habe es nie bereut.

Die Stadt verändert sich in diesen Jahren wie selten zuvor. Die Bautätigkeiten in der City sind schier nur noch mit Berlin nach der Wiedervereinigung und mit dem Ausbau von Shanghai als dem New York des 21. Jahrhunderts zu vergleichen. Stuttgart ist natürlich weder Berlin noch Shanghai. Aber die Stadt bildet das Herz einer Gesamtgemeinde von 2,5 Millionen Menschen, die nicht nur durch die S-Bahn miteinander verbunden sind. Umso wichtiger wird es, sich immer wieder die unverwechselbaren und unzerstörbaren Stuttgarter Perlen, die zu unserem Alltag gehören, zur Identität der Stadt und unserer eigenen, vor unsere Augen zu führen und sie in unser Herz aufzunehmen. Oft genug nehmen wir diese Orte als so selbstverständlich hin, dass wir gar nicht mehr wahrnehmen, dass sie etwas ganz und gar Außergewöhnliches und Liebenswertes darstellen.

So ist ein subjektives, ein sehr persönliches Stuttgart-Buch entstanden. Es legt keinen Wert auf die vollständige Aufzählung aller Stuttgarter Stadtteile oder aller Einrichtungen. Das würde zum einen den Rahmen dieses Buches sprengen, zum anderen wäre es für Leser auch eher ermüdend als anregend.

Aber ich habe mich natürlich bemüht, den Kern der Stadt so darzustellen, dass er für uns alle lebendig wird und bleibt. ■

Stuttgart ist eine grüne Stadt: Das Grüne U führt vom Killesberg hinab in die Stadt.

Markt- und Schillerplatz

Gegenüberliegende Seite: Auf dem Markt vor dem Rathaus gibt es alles, was gut und frisch ist.

Es ist kalt, es regnet, es ist dunkel. Der späte Sommer ist an diesem Samstagmorgen in einen frühen Herbst übergegangen. Fast nur Reinigungskräfte sind auf der Königstraße unterwegs, die von den Reklameleuchten der geschlossenen Läden hell erleuchtet ist. Vereinzelt trifft man auch junge Pärchen, auch alte Ehepaare und einsame verspätete Schluckspechte. Durch die Schulstraße, 1953 Deutschlands erste Fußgängerzone, dort haben schon zwei Bäckereien – Kamps und die Bäckerei Emil Reimann aus Dresden – geöffnet und McDonald's. In den zwei Nordsee-Geschäften wird schon heftig hinter verschlossenen Türen gearbeitet, um den frischen Fisch für die Kunden, die später kommen werden, schön aufzubereiten.

Wer von der Markthalle her kommt, kann natürlich im Café Nast auch schon morgens um sieben seine frischen Brötchen kaufen oder die berühmten Schillerlocken. »Jetzt frischer Zwiebelkuchen« oder »Zwetschgenschnitten« verlocken den Passanten und das frische Brot, alles selbstverständlich selbst hergestellt ohne Brotmischungen. Seit 1902 gibt es das Café Nast, das zu Stuttgart gehört wie der Spielwaren Kurtz zum Marktplatz. »Vom Urgroßvater zur Urenkelin« steht stolz und groß am Laden. Sie sind zu Recht stolz.

Jochen Mayer vom gleichnamigen Weingut aus dem Remstal baut mit seiner Familie gerade seinen Stand auf dem Marktplatz nahe am Rathaus auf und lädt die frische Ware aus dem Kleinlaster – wie seit Jahrzehnten dreimal die Woche. Währenddessen treffen die ersten Stammkunden ein und holen sich frische Tomaten, Äpfel, frisches Gemüse, bevor sie mit warmen Brezeln vom Nast nach Hause marschieren und frühstücken. Gegen neun beginnt auf dem Markt der Andrang. Das Geschäft läuft bis Ende November gut, dann bleiben viele Gäste zu Hause, weil es im Winter wenig frische Ware gibt. Jochen Mayer meint: »Es ist jedes Mal ein richtiger Einbruch im Spätherbst, dann sind die Äpfel nicht mehr frisch vom Baum, sondern eingelagert. Im Frühjahr lassen sich die Kunden mit frischem Spargel wieder anlocken, mit den ersten Erdbeeren, mit frischen Salaten. Fast alle haben eigene Erzeugnisse: Äpfel, Zwetschgen, Tomaten, Weintrauben. Es gibt kaum reine Händler, aber viele Stände, die nicht alles haben, sondern sich Ware dazukaufen. Auch Firmen versuchen, hier Fuß zu fassen, das funktioniert aber auf dem Markt nicht.« Mayer kann auf einen treuen Kundenstamm zählen. Aber natürlich freut er sich auch über Laufkundschaft. Und so funktioniert auch der Wechsel der Generationen auf dem Stuttgarter Marktplatz noch. Die Standfläche bleibt der Familie erhalten, wenn die Alten den Jungen das Geschäft übergeben. Und die Jungen machen meistens auch weiter.

Für Markthändler beginnt der Tag um fünf Uhr in der Früh. Schließlich muss die Ware verpackt und verstaut werden. Während der Weinlese »wird es besonders spannend. Bis Ende Oktober lesen wir unseren Wein und arbeiten hier gleichzeitig auf dem Markt«, sagt Mayer. Das ist kein Zuckerschlecken, aber ihm macht seine Arbeit Freude. »Wir erhalten viel Lob von unseren Kunden, das freut uns natürlich.« Mayer hat alte und neue Apfelsorten im Verkauf: Elstar, Rubinette, Gala, Berlepsch, eine alte traditionelle Sorte.

Walter Schneider ist nicht so zufrieden wie Jochen Mayer. Er verkauft seit 50 Jahren zusammen mit seiner Schwester auf dem benachbarten Schillerplatz Blumen, jetzt sind Gladiolen, Dahlien, Zynien und Winterchrysanthemen im Angebot. Nach seinem Eindruck kommen weniger Kunden als früher, und sein Sohn ist in die Schweiz ausgewandert, wo er sich eine bessere Zukunft verspricht.

haufler
haufler
SPIELWAREN KURTZ
SPIELWAREN
KURTZ
BENGER

Der Schillerplatz wird verkannt, er zählt zu den schönsten Plätzen Europas.

Der Schillerplatz gehört zu den schönsten Plätzen in Deutschland, ja in ganz Europa. Der Marktplatz kann da mit seinen Bauten aus den fünfziger Jahren, dem Breuninger-Gebäude und dem Rathaus in keiner Weise mithalten. Für mich ist das Schönste am Rathaus ohnehin der Paternoster, der alle Zeiten überlebt.

Das Alte Schloss, die Stiftskirche, der Fruchtkasten, das Prinzenpalais geben dem Schillerplatz mit seinem Kopfsteinpflaster ein wunderbares Flair. Die schöne Schillerstatue des dänischen Bildhauers Bertel Thorvaldsen steht hier seit 1839 auf dem Sockel von Nikolaus Friedrich von Thouret, es war das erste große Denkmal für Schiller. Stuttgart hatte auch als erste Stadt in Deutschland einen Schiller-Verein. Den Stuttgartern, die sich damals gefreut hatten, dass einer der berühmtesten damaligen Bildhauer ein Denkmal ihres großen Dichters erarbeitete, hat das Kunstwerk zunächst einmal überhaupt nicht gefallen. Viel zu nachdenklich war er ihnen, zu wenig heldenhaft, zu wenig strahlend, wie man Schiller im 19. Jahrhundert gesehen hat. Heute wird sich niemand mehr große Gedanken um die Statue machen, sie gehört wie der Platz zum Kern Stuttgarts.

Georg Dengler ist wohl der bekannteste Bewohner des Bohnenviertels. Direkt über dem Lokal Basta in der Wagnerstraße wohnt der Privatermittler und frühere BKA-Hauptkommissar. Auch seine Freundin Olga wohnt im gleichen Haus, ein Stockwerk über ihm. Das Basta ist eine Gaststätte, »wo klasse Leut hingehn, di wo au was in der Birne hen«, sagt Christa Muser, die Lady-Breuninger (dazu mehr im Kapitel »Breuninger«), im breiten stuttgarterischen Schwäbisch. Sie ist hier im Bohnenviertel im Haus ihrer Urgroßeltern in der Rosenstraße neben dem Restaurant Zauberlehrling geboren worden, wie auch ihr Vetter Heinz Rittberger. Sie weiß Bescheid. Im Basta gibt es Trollinger von der Weinmanufaktur Untertürkheim und Riesling vom Weingut Dautel und natürlich viele andere Weine im offenen Ausschank. Georg Dengler aber ist die Hauptfigur, »mein Held«

Zum Bohnenviertelfest kommen Menschen aus der ganzen Stadt.

Antiquitäten
Galerie im Bohnenviertel
JUBILÄUM
3 JAHRE
GALERIE IM BOHNENVIERTEL

des Stuttgarter Schriftstellers Wolfgang Schorlau, der Zeitgeschichte und die großen Probleme unserer Epoche in Kriminalromanen verarbeitet. Er gehört wie Heinrich Steinfest und Anna Katharina Hahn zu den besten deutschen Schriftstellern. Er wohnt im Bohnenviertel, »einem der besten Quartiere der Stadt, sagt Schorlau oder ist es Dengler?

Olga ist für Schorlau »vielleicht die eigentliche Hauptfigur«. Sie ist sehr schön, hat eine wunderbare Figur, strahlende Augen und ist blitzgescheit. Aber sie ist eine professionelle Diebin und deshalb ist sie von den Annäherungsversuchen des privaten Ermittlers und früheren BKA-Hauptkommissars keineswegs entzückt, sondern alarmiert. Was, wenn er entgegen seinen Angaben immer noch für das BKA arbeitete und sie womöglich ins Gefängnis brächte? So erzählt Wolfgang Schorlau auf seiner Homepage im Internet, wie schwierig die Geburt seines Helden Georg Dengler war, wie schwierig es folgerichtig war, die Liebesbeziehung zwischen dem Ermittler und der schönen Olga zu entwickeln.

Heinz Rittberger dagegen ist ein Urstuttgarter, er kennt sich in der Stadtgeschichte aus wie kaum ein anderer und er ist in »seinem« Bohnenviertel zu Hause. Manchmal sprechen ihn Kunden als »Herr Lenz« an – für Rittberger eine Auszeichnung. Denn er ist der Erste, der nicht zur »Lenzensippe« gehört und das Fachgeschaft Seifen-Lenz in der Esslinger Straße 24 leitet. Seit 1785 gibt es den Laden. Im Schaufenster liegt ein schweres Stück alter Kernseife, 2,7 Kilogramm! Heinz Rittberger ist stolz darauf. Denn »das ist Seife aus dem letzten Sud des Seifensieder-Obermeisters Emil Häcker aus den fünfziger Jahren«. Und er fügt hinzu: »Die letzte Lenzin hat mich schon als kleiner Junge gekannt, sie war ledig, er hat eine Drogistenlehre angefangen, da hat sie mich gefragt, ob ich nicht zu ihr kommen wollte, das war 1957. Und 1969 habe ich die Firma dann übernommen. Und solange mich der liebe Gott lässt, werde ich niemals Rentner.« Aber er hat einen Sohn, der irgendwann dem Vater folgen wird. Das Haus in der Rosenstraße gehört ihm heute noch. Er hat erlebt, wie das Bohnenviertel von Parkhäusern und Autobahnen umzingelt und eingekreist wurde, nach dem Krieg schwebte über dem ganzen Viertel die Idee, alles abzureißen, »das alte Gelumpe«, wie es damals hieß, als man die »autogerechte Stadt« geplant hat.

Aber zum Glück wurde Manfred Rommel in den siebziger Jahren Oberbürgermeister der Stadt, er wollte das Bohnenviertel erhalten, sanieren und Wohnungen bauen. Die Abrisspläne verschwanden. »Das Zentrum meines Lebens ist jedenfalls das Bohnenviertel, aber die Ureinwohner werden weniger.« Heinz Rittmeister hat sich in der Leonhardsgemeinde engagiert, er füttert die Tauben in der Kirche, als achtjähriger Junge hat er mit anderen den Trümmerschutt aus der Kirche herausgetragen. Es ist schrecklich für ihn, dass die Kirche heute wie auf einer Insel isoliert steht – nur von Straßen umgeben.

Er kommt gerade von einem Gang durch die Stadt, er war in der Pauluskirche im Westen. »Der Mesner hat Kerzen gebraucht.« Beim Seifen-Lenz kann man heute noch Seifen kaufen, moderne, große Kerzen, kleine Kerzen, Kernseifen, Bürsten, Räucherstäbchen – bei seinen Stammkunden, die aus der ganzen Stadt kommen, sind auch die Seifen aus Frankreich gefragt mit ihrem Duft nach Lavendel, Olive und Rose. Um die Erinnerung an das alte Bohnenviertel und an den Seifen-Lenz zu erhalten, ist Heinz Rittberger dabei, in seinem Elternhaus in der Rosenstraße 40 im Dachgeschoss ein kleines Museum einzurichten. Ein bemerkenswerter Bürger des Bohnenviertels.

Das kleine Stadtviertel ist eingezwängt zwischen der Autorennstrecke der Hauptstätter Straße, der B 14, dem Charlottenplatz, der Züblingarage und der Olgastraße. Die Bausünden der Nachkriegszeit sind unheilbar. Die Esslinger Straße wird an einer Seite vom Breuninger-Parkhaus eingegrenzt. Viele Fremde kommen nicht auf die Idee, dass sich hinter den Parkhäusern, den Schnellstraßen, den hässlichen Plätzen ein Stuttgarter Kleinod verbirgt,

Gegenüberliegende Seite: Das Bohnenviertel ist international und ein gefragter Wohnort mit vielen kleinen Läden und Geschäften.

eben das kleine Bohnenviertel. Es ist ein Viertel, in dem sich sowohl »kleine Leute« als auch Intellektuelle treffen. Es sind nur ein paar Straßenzüge: Kanalstraße, Pfarrstraße, Rosenstraße, Wagnerstraße, Weberstraße, Katharinenplatz, Esslinger Straße, die Brennerstraße, die frühere »Judengasse«. Sie ist schon 1350 in Schriften der Stadt aufgetaucht. Bis 1894 hieß die Gasse Judengasse, hier war früher die Judengemeinde angesiedelt und die Talmudschule. Schon vor 1350 waren Juden in Stuttgart ansässig.

Diese kleinen Straßenzüge sind mit ihren viergeschossigen Häusern gerettet und gründlich saniert worden. Der Autoverkehr ist weitestgehend verbannt, das Kopfsteinpflaster ist erhalten geblieben. Nach außen wirken die Häuser aus den siebziger Jahren, die es hier auch gibt, wenig einladend, eher wie eine Festung mit kleinen Fenstern. Das ist Absicht, denn der Lärm von den Hauptverkehrsstraßen soll nicht in die Häuser eindringen. Dafür sind die Blöcke kernsaniert worden. Wenn man durch die Eingangstore geht, steht man mitten in wunderbaren Innenhöfen mit all ihren Blumen und grünen Pflanzen. Ein kleines Paradies mitten in der City. Auch die Balkone sind deshalb nach innen ausgerichtet, für die Anwohner gibt es ein eigenes Parkhaus. Ein Vorzeigeviertel, in dem die Namen an den Klingelschildern Namen aus aller Welt tragen, hier ist Multikulti Wirklichkeit. Viele kleine Läden, Antiquariate, Juweliere, Friseure, Lifestyle-Läden gehören zum Bild des Viertels.

Im Bohnenviertel ist wohl die größte Lokaldichte in Stuttgart. Man kann persisch, arabisch, türkisch, italienisch, chinesisch und griechisch essen. Und natürlich schwäbisch wie im Schellenturm, eine Gaststätte, die von Rudolf und Maria Reutter liebevoll geführt wird. Hier gibt es noch Saure Nieren mit Bratkartoffeln, Saure Kutteln in Trollinger mit Bratkartoffeln. Schwäbische Küche at its best. Das gilt ebenso für das Weinlokal Zur Kiste, Stuttgarts ältester Weinstube, mit ihren drei Stockwerken in der Kanalstraße, den Holzbänken, auf denen sich seit Generationen Stuttgarter

Hier treffen sich »kleine Leute« und Stuttgarter Intellektuelle.

Originelle Antiquitätenläden geben dem Bohnenviertel ein ganz eigenes Gesicht.

Weinzähne zusammenfinden. Und natürlich für das Weinhaus Stetter. Im Restaurant und Hotel Zauberlehrling in der Rosenstraße kann man spannende Kochkurse bei Karen und Axel Heldmann mitmachen. Und, und, und – es ist unmöglich, all die schönen und engagierten Gaststätten im Bohnenviertel aufzuzählen.

Geht man weiter Richtung Leonhardskirche und Gustav-Siegel-Haus, dann nähert man sich Stuttgarts Rotlichtviertele, dem Leonhardsviertel. Am Leonhardsplatz befindet sich Stuttgarts bekanntestes Strip-Lokal, das Four Roses, das seine Tore erst um 23 Uhr öffnet und folgerichtig erst um 5 Uhr wieder schließt. Hier treffen sich auch durchaus seriöse Menschen zu einem Abend mit erotischer Unterhaltung.

Der Name »Bohnenviertel« geht übrigens auf das 16. Jahrhundert zurück. Graf Eberhard III. von Württemberg hatte nach dem Vorbild der Prager Neustadt nach 1392 die Stuttgarter Vorstadt im Süden um einen zentralen Handelsplatz – die Hauptstätter Straße – erweitern lassen. Die sogenannte Leonhardsvorstadt war gegen 1415 fertiggestellt, bewohnt von Handwerkern, die auf das Wasser des Nesenbachs angewiesen waren, zum Beispiel Gerber und Färber. Das Hauptnahrungsmittel der relativ armen Bewohner wurde im 16. Jahrhundert die aus Amerika eingeführte Gartenbohne, die in den Gärten hinter und zwischen den eng stehenden Häusern gepflanzt wurden, manche wurden sogar girlandenartig an den Gebäuden aufgehängt.

Stuttgart ohne das Kaufhaus Breuninger ist wie Breuninger ohne Willem van Agtmael. Der niederländische Honorarkonsul führt das Unternehmen seit 1980. Nicht vorstellbar ist das Breuninger Stammhaus am Stuttgarter Marktplatz aber auch ohne Christa Muser.

Breuninger in Stuttgart ist eine einzigartige Institution – zu Recht heißt es deshalb »flagship store« innerhalb der Häuser der Kaufhauskette. Und Christa Muser ist auch eine Institution. Sie arbeitet seit 45 Jahren bei Breuninger. Nicht auszudenken, dass sie einmal aufhören könnte oder

Durch das Breuninger-Kaufhaus kann man tagelang schlendern.

aufhören möchte. Breuninger ist ihr Leben, und sie hat sich ihren Kindheitstraum verwirklicht. Denn schon als Kind hatte sie das Ziel, einmal bei Breuninger zu arbeiten. Im Jahre 1965 fing sie ihre Lehre am Marktplatz an und ist noch heute da. Christa Muser ist Ur-Stuttgarterin, im Bohnenviertel geboren. Dort hat ihr Vetter Heinz Rittberger bis heute einen Kerzenladen (mehr dazu im Kapitel »Bohnenviertel«). Sie selbst wohnt im Westen, sie kommt herum in Europa, schließlich muss sich Breuninger informieren, was es bei Harrods in London gibt, was Lafayette in Paris seinen Kunden anbietet. Denn Breuninger stellt sich auf eine Stufe mit diesen berühmtesten europäischen Kaufhäusern. Zu Recht. Breuninger ist nach Harrods das flächenmäßig größte private Kaufhaus in Europa.

Christa Muser kümmert sich heute um die Kunden, die eine sogenannte Platin Card besitzen. Breuninger hatte ja bereits 1951 als erstes Kaufhaus in Europa die Kundenkarte eingeführt. Und noch heute werden 60 Prozent aller Einkäufe im Haus Breuninger mit der Kundenkarte bezahlt. Ganze Generationen Stuttgarter Familien, aber auch aus ganz Württemberg sind mit Kleidern, Hosen, Sportartikeln von Breuninger groß geworden, und man sieht auch heute noch Großmutter, Mutter und das Kind im Kinderwagen durch Breuninger schlendern.

Einkaufen bei Breuninger unterscheidet sich von Touren durch die Niederlassungen der anderen großen Kaufhauskonzerne. Breuninger hat seinem Anspruch nach ein einzigartiges Angebot. Von der täglichen Kleidung im Subway im Untergeschoss bis zu den Exquisitabteilungen, wo sich alle guten und natürlich auch teuren Marken dieser Welt finden. »Luxus kann Sünde sein. Aber auch das Paradies«, ist ein Motto des Hauses. Breuninger ist ein Paradies. Und Einkaufen bei Breuninger ist auch ein emotionales Erlebnis.

Man trifft sich samstags in der Brasserie Flo unter der Glaskuppel des Kaufhauses, die Familie geht auf Einkauf, die besten Freundinnen machen ihren regelmäßigen Bummel, man isst zusammen Frühstück, trinkt ein Glas Champagner und lässt sich dann von den Angeboten immer tiefer in das verwinkelte Haus treiben, in dem ich mich schon oft verirrt habe. Breuninger ist immer in Bewegung, deshalb wird auch ständig umgebaut und erneuert. Die Kunden haben sich daran gewöhnt. Ach ja, und eine Platin Card erhält man, wenn man in zwei aufeinander folgenden Jahren Waren für mehr als 7500 Euro bei Breuninger gekauft hat. Kein Neid, bitte! Stuttgart ist Gott sei Dank eine reiche Stadt und eine Stadt mit reichen Familien. Das bringt Geld unter die Leute.

Es kann ja auch nicht jeder Porsche oder einen schönen Mercedes fahren – aber Stuttgart wäre ohne seine Automarken nicht die Stadt, die es heute geworden ist. Und ohne das Haus Breuninger auch nicht. Natürlich wird man als Inhaber einer Platin Card persönlich bedient. Wenn Christa Muser mit ihrer Schwester ins Theater geht, ist diese immer wieder erstaunt, dass Christa Muser ständig in den Pausen von Menschen gegrüßt wird: »Grüß Gott, Frau Muser!« – denn sie kennt so viele Kunden mit all deren Wünschen, mit all deren Familiengeschichten –, und im Laufe der Jahre haben so viele Menschen die sehr muntere und sehr schöne Frau in der weißen Bluse kennengelernt. Sie baut gerne persönliche Beziehungen zu ihren Kunden auf. Sie verkörpert geradezu das Einmalige der Breuninger-Welt. »Nix hält so jung wie Arbeit«, sagt sie und: »Mir macht es jeden Tag Spaß, hierher zu kommen und auf die Kunden zuzugehen, mit Menschen ins Gespräch zu kommen, erst wenn ich tüttelig werde, höre ich auf. Vorher nicht!« Breuninger bietet diesen Kunden Spezialführungen ins Mercedes- oder ins Porsche-Museum an, sie können Kochkurse bei Sterneköchen mitmachen, oder Fahrten mit Oldtimern. Man stellt bewusst nur kleine Gruppen zusammen, so lernen sich die Menschen auch kennen. Vielflieger werden von jeder Airline ja auch anders behandelt als die Urlauber, die einmal im Jahr nach Mallorca wollen.

Gegenüberliegende Seite: Das Entrée in die Breuninger-Welt ist etwas ganz Besonderes.

breuninger
KARLSPASSAGE
ARMANI
ARMANI

Man trinkt in der Brasserie Flo ein Glas Champagner, man trifft sich mit der besten Freundin, man frühstückt und geht shoppen.

Maike Stolpp, eine junge Frau, die auch bei Breuninger arbeitet, erzählt, wie sie als Kind zusammen mit ihren Eltern zum Breuninger gefahren ist. »Viele Familien kommen in der dritten Generation. Bei meiner Familie ist das auch so. Wir haben an Weihnachten Ausflüge zu Breuninger gemacht, und wir haben alle Märchenfenster angeschaut, die fahrenden Züge haben uns fasziniert und die Bären, die sich bewegt haben.« Der Bär Breuni ist bis heute das Maskottchen des Hauses und genauso bekannt wie der Name Breuninger.

Und Christa Muser sagt stolz, dass Breuninger mit Willem van Agtmael an der Spitze alle Krisen gut überstanden habe. »Unser Markenzeichen sind die ständigen Neuerungen, es gibt eben nur einen Breuninger, selbst Leute, die nach München ziehen, kommen immer zurück und kaufen hier ein.« Der Spruch, das Beste an Stuttgart sei die Autobahn nach München, hat nie gestimmt. Heute ist er aus der Mode gekommen, weil man sich lächerlich machen würde, wollte man ihn zitieren. Stuttgart hat unglaublich gewonnen und Breuninger hat mitgehalten. Christa Muser: »Früher haben viele Junge gesagt: »Stuttgart – oh Gott, so ein Nescht! Und heute ist die Stadt so schön.« Da hat sie recht. So wird es auch noch in den nächsten Jahrzehnten ganz selbstverständlich heißen: »Ich geh zum Breuninger.« Da muss niemand mehr etwas erklären.

Gunther Ludwig berät gerne seine Kunden, wie sie beispielsweise ihr Kaninchen zubereiten sollen, das sie bei ihm gekauft haben. Ludwig kennt sich aus mit Wachteln, Gänsen, Enten, Hasen, Wild und Lamm. Er ist oft in Paris, er kauft dort nicht nur auf dem Großmarkt ein, er sieht sich auch um in den kleinen Markthallen der unterschiedlichen Stadtteile der französischen Hauptstadt. Dort beobachtet er, was die Kunden haben wollen, und dann bringt er es mit nach Stuttgart. Deshalb hat er gegenüber dem Stand »Kustermann« – ein Markenbegriff seit Jahrzehnten in der Markthalle – noch einen Stand mit französischen Spezialitäten.

Kustermann gehört ihm seit zehn Jahren, es ist seine Lebensaufgabe geworden. Was zeichnet einen guten Stand in der Markthalle aus? Gunther Ludwig: »Es muss ein Familienbetrieb sein, wir müssen ehr-

Es gibt keine Lebensmittel, die es in der Markthalle nicht gibt.

Mayer
WOHLGEMUTH

lich sein, solide, es muss super Ware geben und einen guten Preis.« Wer in die Markthalle kommt, weiß, dass er mehr bezahlen muss als im Supermarkt. Aber er erhält auch ganz andere Ware. Das Fleisch kann bis zum Erzeuger zurückverfolgt werden, wie das Lamm vom Schäfer Stotz bei Münsingen auf der Schwäbischen Alb. Und die Beratung ist natürlich etwas ganz anderes. Ludwig stört es nicht, wenn ein Kunde fragt und fragt und nach zehn Minuten wissend mit einem Lächeln im Gesicht abzieht, ohne auch nur ein einziges Stück Fleisch erworben zu haben, aber zufrieden. Er wird wieder kommen.

Trotzdem hat die Markthalle ein Problem, es ist dasselbe wie bei vielen Handwerkern, in Gaststätten und Hotels. Viele Ältere geben auf, die Fluktuation ist relativ hoch. »Es ist ein Knochenjob. Von Montag bis Samstag musst du von sechs Uhr morgens bis abends um sieben präsent sein, Gemüsegärtner müssen mitten in der Nacht im Großmarkt frische Ware holen. Die Jungen wollen diese Arbeit nicht machen.« Deshalb sieht Gunther Ludwig mit Sorge, dass sich immer mehr Firmen in der Markthalle festsetzen, während die Familienbetriebe verschwinden. »Das zehrt an der Vielfalt, und es ist etwas anderes, ob du vom Chef bedient wirst oder von einem Angestellten. Gazi, Böhm, Wohlfahrt – zweifellos alles gute Namen, aber das ist doch nicht der Sinn der Markthalle«, sagt Ludwig besorgt. Markthalle – das ist nicht nur ein Ort, in dem man einkauft, es ist ein Ort der Kommunikation. »Du freust dich und leidest mit deinen Kunden.«

Ja, Stuttgart hat seine Markthalle, es ist die schönste in Deutschland. Die kann niemand nachbauen oder nachahmen. In allen Städten dieser Welt breiten sich überall dieselben Markennamen aus, es gibt allein in Peking mehr als 100 McDonald's-Lokale, und auch die Coffeeshops sehen sich alle ähnlich. Die Markthalle aber gehört zu Stuttgart wie der Fernsehturm. Was dem einen die Stuttgarter Oper ist, das weltberühmte Ballett, das ist für mich seit Jahrzehnten die Markthalle. Alle Wohnungen in Stuttgart habe ich mir danach ausgesucht, ob die Markthalle in zehn bis zwanzig Minuten zu Fuß erreichbar ist. Durch die Markthalle zu schlendern, an den unterschiedlichen Ständen einzukaufen, ist im Lauf der Jahrzehnte zu einem eigenen Ritual geworden, ein Erlebnis, so wie andere ihren Ballett-Besuch nicht missen mögen. Rituale gehören zum Leben und Stuttgart hat einzigartige Rituale zu bieten.

Jeden Gast aus der ganzen Welt kann man mit einem Besuch der Markthalle schwer beeindrucken, denn sie ist draußen weit weniger bekannt als der Fernsehturm. Man kann schon morgens mit den Marktleuten sehr früh im Restaurant Markthalle drinnen oder draußen gemeinsam frühstücken und dabei ins Reden kommen. Maultaschen schmecken auch morgens. Freilich gehört zu solch einem Erlebnis ein Mindestmaß an Schwäbischkenntnissen, denn viele Marktbeschicker sprechen nicht das abgeschliffene Honoratiorenschwäbisch, wie es in Stuttgart üblich ist, sondern sie sprechen richtig Dialekt.

Oder man führt seine Gäste in das Restaurant Empore in den ersten Stock, sucht einen Platz direkt an der Balustrade, und überblickt dort bei einem Glas Champagner das muntere internationale Treiben in der ganzen Halle mit ihren über 40 Ständen im Erdgeschoss und noch einmal 13 im zweiten Stock. Ein Bummel auf der ersten Etage durch alle Räume des Einrichtungsgeschäfts »Merz und Benzing« kann zu einem Tagesausflug werden. So schöne Gartenmöbel, so wertvolles Besteck, so herrliche Grillgeräte findet man selten an einem Ort versammelt.

In der Markthalle ist die ganze Welt zu Hause. Deshalb gibt es in der Tapasbar Desiree auch Datteln im Speckmantel und selbstverständlich kann man in der Halle auch feinsten iranischen Kaviar erwerben. Man kann sich kaum sattsehen an dem frischen Obst, den vielen, vielen Äpfeln, im Herbst den Pilzen, den unterschiedlichen Kartoffeln, an allen einheimischen und asiatischen Gemüsen und den wunderbaren Tomaten, die ein köstliches

Gegenüberliegende Seite: Dicht an dicht drängen sich die Familienstände in der Markthalle.

Jeder findet hier »seinen« Italiener, seinen Türken, seinen Griechen – man muss nur zugreifen und die verlockenden Angebote annehmen.

Aroma verströmen und auch so schmecken. Jeder Besucher findet mit der Zeit »seinen« Griechen, Italiener oder Türken oder Spanier, wo ihm die eingelegten Paprika, der Schafskäse, das Olivenöl am besten schmecken.

In den siebziger Jahren des vergangenen Jahrhunderts verließen viele Frauen die Küche, sie emanzipierten sich, sie bestanden bei einer Heirat auf dem Doppelnamen und sie stellten ihre Emanzipation dadurch unter Beweis, dass sie demonstrativ bekundeten, sie könnten nicht kochen und hätten auch keine Lust, diese Kunst zu erlernen. Es war manchmal etwas schwierig. Was tun? Meine damalige Freundin Christa hatte Ende Oktober Geburtstag, also bin ich eines Tages zu Kustermann, habe eine frische Gans gekauft – anders als heute wurden damals kaum mehr Gänse gegessen –, beim Schwyzer-Stand Majoran und Rotkohl geholt, an anderen Ständen Äpfel und Kartoffeln. Zu Hause habe ich dann in alter Familientradition alleine das mächtige Tier gebraten. Es war eine Sensation! Volltreffer! Niemand sonst verkaufte damals frische Gänse außer Kustermann – und natürlich gab es an seinem Stand nichts Tiefgefrorenes, sondern nur frisches Fleisch. Eine andere Stuttgarter Feinschmecker-Institution, Feinkost Böhm, hat ja – den Piëchs sei Dank – wieder mächtig aufgeholt. Aber die Markthalle war, ist und bleibt einzigartig.

Niemand wird heute mehr glauben, dass anfangs der siebziger Jahre namhafte Gutachter vorgeschlagen haben, die Markthalle abzureißen und stattdessen ein Kaufhaus mit vielen kleinen Läden zu errichten. Gott sei Dank brach ein Sturm der Entrüstung in der Stadt los. Und niemand traute sich mehr, solche absurden Vorschläge auf den Tisch zu legen. Der Jugendstilbau wurde von dem damals jungen Architekten Martin Elsaesser in den Jahren vor dem Ersten Weltkrieg erbaut. Es haben sich wenige Menschen so um Stuttgart verdient gemacht wie Martin Elsaesser. ■

Stuttgart hat eine außerordentlich schöne Lage. Die vergleichsweise kleine City im Tal ist von fast allen Seiten von Bergen umgeben – den berühmten Stuttgarter Halbhöhenlagen, die zu Fuß durch viele »Stäffele« zu erreichen sind. Eine solche Lage hat kaum eine andere Stadt in Deutschland. Das Zentrum aber, die Königstraße, ist eigentlich nicht schön anzuschauen. Sie ist in den Nachkriegsjahren wieder aufgebaut worden. Lange fuhren Autos und Straßenbahnen durch die heutige Fußgängerzone. Die Königstraße kann optisch nicht mit der Kaufingerstraße in München oder dem Graben in Wien mithalten. Macht nichts! Wir sind trotzdem stolz auf die Königstraße. Sie gehört zu unserem Zuhause.

Früher war sie einfach der »Graben«. Erst im Biedermeier wurde sie eine richtige Straße. Aber wie bescheiden, wie wenig spektakulär war die Straße lange! Die altschwäbische Tradition: nur nicht auffallen, ja nicht ins Gerede kommen – sie spiegelte sich lange in der Königstraße. Keine großen Schaufenster, keine auffallenden Reklameschilder! Ja, heute sind alle Marken dieser Welt hier vertreten. Früher aber fuhren die Reichen »hählinga« nach München, um einzukaufen.

Auf einem Spaziergang durch die Königstraße erzählt die heute weit über 80-jährige Adelheid Jung, wie sie nach dem Krieg in Stuttgart ankam: »In Stuttgart bin ich in meinem zerrissenen Aufzug nicht aufgefallen. Der Hauptbahnhof hier, zerbombt und notdürftig wieder in Betrieb genommen, war Anfang 1947 täglich Anlauf von Heimatlosen – und vor allem von Obdachlosen, die in einer Baracke mitten im Eingangsbereich nach Übernachtungsmöglichkeiten fragen konnten. Dort erhielt ich einen Zettel mit einer Adresse einer Frau in Vaihingen, bei der ich ein Bett für drei Nächte bekam. Danach sollte ich die Stadt wieder verlassen, wenn ich keine Arbeitserlaubnis samt Unterkunft vorweisen konnte.« Sie konnte, wurde Lehrerin und lebt immer noch in Stuttgart, einer Stadt, die ihr zur Heimat geworden ist.

Früher war Stuttgart eine protestantische Stadt, nach dem Zweiten Weltkrieg kamen die – oftmals katholischen – Flüchtlinge. Und dann die Gastarbeiter, die ihre Familien nachzogen und neue Familien hier gründeten. Wer heute sonntags auf der Königstraße flaniert, kann alle Sprachen dieser Welt hören. Die Kroaten haben in der Eberhardskirche sonntagnachmittags ihren katholischen Gottesdienst und bevölkern davor und danach die Königstraße. In den letzten Jahren sind die chinesischen Studenten dazugekommen, die gerne in

In der Königstraße – Stuttgarts Einkaufsmeile

Gegenüberliegende Seite: Flaneure sind abends auf der Königstraße unterwegs.

Stuttgart studieren, bevor sie wieder in ihre Heimat zurückkehren. Auch sie sind zahlreich in der Straße anzutreffen. Balalaikaspielerinnen aus Polen, die Peruaner, die Russen, der Saxophonspieler mit dem lebendigen Papagei auf dem Kopf – sie alle prägen das muntere, friedliche Bild.

Manchmal denkt man, die Einkaufsstraßen dieser Welt werden einander immer ähnlicher. Aber es haben sich in der Königstraße urschwäbische Läden erhalten, die noch heute etwas ganz Besonderes darstellen. In der Familie Wittwer heißt immer einer Konrad mit Rufnamen. So geht das seit fünf Generationen, als die Wittwers im 19. Jahrhundert aus dem Allgäu nach Stuttgart gekommen sind. Der junge Konrad führt jetzt die Geschäfte des Buchhauses, aber sein 82-jähriger Vater ist auch noch aktiv, er ist gesund und munter und erzählt: »Damals in den siebziger Jahren hat Wendelin Niedlich, der linke Buchhändler an der Neuen Brücke, ein Schild in seinem Laden aufgehängt: ›Klaut beim Klassenfeind!‹ Da waren wir gemeint.«

Der junge Konrad spricht von Last und Befriedigung, wenn er auf die Familiengeschichte blickt, auf die Verpflichtung, das Erbe zu bewahren – trotz Buchketten, trotz Internet, trotz schwindender Lesewilligkeit. »Aber prinzipiell«, so meint er, »sind Familienbetriebe nicht benachteiligt. Und wir haben den Vorteil der eingeführten Marke, der eigenständigen Qualität. Unsere Mitarbeiter identifizieren sich in sehr hohem Maß mit dem Haus und engagieren sich entsprechend. Das ist der große Unterschied zur Kette.« Die Wittwers haben unglaublich schöne Arbeitsplätze. Sie sehen herunter auf den Schloßplatz, sie sehen gegenüber das Neue Schloss und dahinter die Halbhöhenlagen. Konrad der Jüngere erzählt begeistert vom schönsten aller schönen Ausblicke: »Wenn im Dezember Vollmond ist, dann geht er oft rot auf – direkt über dem Hirsch auf dem Kunstgebäude, und auf dem Schloßplatz die weihnachtliche Beleuchtung. Etwas Schöneres gibt es nicht.« Konrad der Ältere ist stolz auf seine sieben Enkel: »So schwierig es ist, einen Familienbetrieb weiterzuvererben und den Betrieb handlungsfähig zu erhalten, so schön ist die Aufgabe auch.«

Aber die Königstraße hat auch noch ganz kleine Familienbetriebe, die den Stürmen der Zeit und den großen Konzernen erfolgreich trotzen. Im Jahr 1914, als der Erste Weltkrieg ausbrach, diese europäische Urkatastrophe, da kaufte Georg Kästner den Laden »Optik und Laborgeräte« in der Kanzleistraße. Anders als bei der Buchhändler-Familie Wittwer gibt es heute keine fünfte Generation Kästner mehr. Trotzdem heißt das Geschäft im Königsbau: Kästner-Optik. 1959 ist der Laden in den Königsbau umgezogen und wurde von Familie Hüppauff gekauft. Der Sohn Henning Hüpp auff hat es dann an Familie Blannarsch verkauft, als er ins Alter kam. So wechselten die Besitzer, der Name aber blieb und die Qualität auch. »Mich hat die Freude am Kunden, mit Menschen umzugehen und die Freude am Fummeln, am Handwerk, dazu geführt, Augenoptiker zu werden«, sagt Uwe Blannarsch. Sein Ziel ist es, dass der Kunde »ein persönliches Verhältnis zu uns erhält, dass er im Geschäft positiv überrascht wird«. Man muss keinen Porsche fahren, aber man kann: So gibt es Kunden bei Kästner, die sich ihre Alltagsbrille bei den großen Brillen-Ketten machen lassen, ihre »schöne Brille« aber bei Kästner kaufen. Der Name ist zu einer eigenen Marke geworden. Es ist bei Kästner wie bei Gottlieb Daimler: »Das Beste oder nichts!« Denn, wie sagt Blannarsch, »gewöhnliche Brillen gibt es überall«.

Auf der Königstraße fuhr die britische Königin Elisabeth 1965 im Triumphzug zum Neuen Schloss! Natürlich im Mercedes 600, dem Symbol des Wirtschaftswunders, das selbstverständlich aus Stuttgart kam. Damals war Josef Eberle der Herausgeber der »Stuttgarter Zeitung«. Die »Zeit« nannte ihn damals den gebildetsten Journalisten in Deutschland. Er war zum großen Empfang der Königin durch Ministerpräsident Kurt Georg Kiesinger ins Neue Schloss geladen. Am nächsten Tag erzählte er in der Redaktionskonferenz unbefangen und stolz: »Die

CINEMA
DRESDNER BANK

Früher fuhren Autos und Straßenbahnen durch die Königstraße, heute gibt es keine Autos mehr und zu den öffentlichen Verkehrsmitteln muss man hinuntersteigen – oben ist die Straße frei für die Fußgänger.

Kloncker von meiner Frau waren genau so groß wie die von der Königin.« Die »Kloncker«, das waren die Edelsteine und Diamanten. Es gab damals noch viele arme Menschen in der Stadt, aber der Reichtum wuchs unaufhörlich. Bei dem Empfang soll die Queen auch die Frage gestellt haben, ob sie bei ihrem Besuch in Marbach auch die Pferde sehen könne: »Where are the horses?« Die Schwaben wollten ihr stolz Friedrich Schiller und die deutsche Literatur in den Marbacher Museen vorstellen, der Königin war es mehr nach den weltberühmten Pferden des Haupt- und Landgestüt Marbach auf der Schwäbischen Alb. Die Geschichte ist zu schön, um erfunden zu sein.

Heute liegen im Sommer mitten in der Stadt viele Menschen auf der Wiese vor dem Neuen Schloss. Königlich ist das alles nicht, aber menschlich. Heute ist es auch unvorstellbar, wie lange um den Wiederaufbau des Neuen Schlosses gerungen wurde. Im Frühjahr 1949 wurde bekannt, dass eine amerikanisch-schweizerische Bankengruppe an der Stelle des Neuen Schlosses ein Geschäfts- und Bürogebäude errichten wollte. Das Finanzministerium gab daraufhin bekannt, dass »noch nichts entschieden sei«, weil »Erörterungen über die künftige Verwendung des Neuen Schlosses verfrüht« seien. Noch fünf Jahre später wurde in dem vom Landtag ausgeschriebenen Wettbewerb betont: »Die Architekten haben volle Freiheit, ob sie Lösungen auf der Grundlage eines Abbruchs oder des Wiederaufbaus des Neuen Schlosses vorzögen.« Mit einer einzigen Stimme Mehrheit votierte der Landtag dann für den Wiederaufbau. Der nachmalige Intendant des Süddeutschen Rundfunks Hans Bausch rühmte sich noch Jahrzehnte später, mit seiner Stimme sei das Neue Schloss gerettet worden. Heute ist es das Herzstück der Stadt.

Nicht weit vom oberen Ende der Königstraße steht der Tagblatt-Turm, ebenfalls ein Wahrzeichen der Stadt. Der Turm war von 1928 bis 1943 Sitz der Zeitung »Stuttgarter Neues Tagblatt«, dem Vorgänger der »Stuttgarter Zeitung«. Die »Stuttgarter Zeitung« ist der Mercedes unter den deutschen Regionalzeitungen, eine Regionalzeitung mit überregionaler Ausstrahlung. Der Tagblatt-Turm war in der Weimarer Republik das höchste und modernste Bürohochhaus in ganz Deutschland. Ernst Otto Oßwald, sein Architekt, hat bei der Einweihung im Jahre 1928 mit einigem Pathos ausgerufen: »Das ist kein Kirchturm früherer Zeiten mehr, der sich in Himmelbläue verliert, auch kein Ausflugs- und Festungsturm, in den nur ein paar Nutzungsräume eingebaut sind, sondern ein erdverbundenes Haus, menschlicher Arbeit und menschlichem Wollen verpflichtet, ein sieghaftes Zeichen unserer kämpfenden Zeit.« Das »Neue Tagblatt« wollte sich der Herrschaft Hitlers entgegenstemmen. Sie war eine durch und durch liberal gefärbte Zeitung. Der Unternehmer Robert Bosch hat sie dann mit Geld aus seinem Privatvermögen gekauft, damit sie nicht in die Hand von nazifreundlichen Verlegern fiel. Ein Nest des Widerstands. Von 1933 an war die Zeitung dennoch gleichgeschaltet.

Ich selbst bin der letzte Überlebende, den Josef Eberle 1970 bei der Stuttgarter Zeitung mit Handschlag eingestellt hat. Verträge gab es damals nicht. Ich bin dann bis zu meinem Ausscheiden im Alter von 65 Jahren vierzig Jahre bei der »Stuttgarter Zeitung« geblieben, davon die letzten zwanzig Jahre als Ressortleiter Außenpolitik.

Nach dem Krieg zog die »Stuttgarter Zeitung« in den Turm, bis diese 1976 zusammen mit den »Stuttgarter Nachrichten«, ebenfalls eine Qualitätszeitung, die sich bundesweit sehen lassen kann, auf die grüne Wiese nach Möhringen zog. Dort arbeiten beide Redaktionen selbständig im Stuttgarter Pressehaus. Nach umfangreichen Umbauarbeiten an den umgebenden Gebäuden in den Jahren 2002 bis 2004 wurde der Tagblatt-Turm ein Zentrum für kulturelle Einrichtungen. ■

Wasser und Wiesen auf dem Schloßplatz, wie geschaffen zum Liegen, Kuscheln und Spielen – mitten in der Stadt

Kunstmuseum

Gegenüberliegende Seite: Ein Blick auf das erleuchtete Kunstmuseum

Stuttgarts weitgereisteste Frau ist eine Tänzerin, aber es ist nicht die schwäbische Brasilianerin, die weltbekannte Tänzerin Marcia Haydée, die mit der Stuttgarter Ballett-Compagnie in aller Welt Triumphe gefeiert hat. Es ist die Tänzerin Anita Berber, die im Sommer 2010 in die Neue Galerie nach New York ausgeliehen ist. »Die Heilige des Lasters«, die rote Tänzerin des Malers Otto Dix, prägt inzwischen weltweit das Bild von Stuttgart wie das Rössle im Wappen. Sie ist untrennbar mit der Identität der Landeshauptstadt verbunden, obwohl Otto Dix, der aus Gera stammt, ursprünglich mit Stuttgart gar nichts am Hut hatte. Aber der Reihe nach.

Eva Klingenstein jedenfalls hat 1981 als 19-Jährige ein Plakat der roten Tänzerin erworben, damals hat sie gerade am Hölderlin-Gymnasium Abitur gemacht. Heute arbeitet sie im Kunstmuseum Stuttgart am Schloßplatz. Stuttgart ist ihre Heimat, sie liebt »ihr« Museum. Noch heute besitzt sie das alte Plakat. Heute aber kann sie jeden Tag auch vor dem Original stehen, wenn es nicht wieder einmal gerade verliehen wird. Eva Klingenstein ist die Pressesprecherin des Museums, ein Posten wie geschaffen für die Stuttgarter Bürgerin, denn wenn sie anfängt zu erzählen, dann wird deutlich, wie viel sie weiß, es sprudelt aus ihr heraus. Wenn die neue Leiterin des Museums, Ulrike Groos, die Seele des Museums ist, dann ist Eva Klingenstein das Herz.

Das Museum lockt nicht nur das traditionelle Bildungsbürgertum, es lockt auch Menschen, die sich sonst schwertun, ein Museum zu besuchen, weil sie zum Beispiel ihre Museumsbesuche in der Schulzeit als quälend empfunden haben. Seit einigen Jahren gibt es ein von der Robert Bosch Stiftung gefördertes Projekt für junge Künstler, so dass Kinder im Alter von drei bis sechs Jahren konkret an Kunst herangeführt werden. Jüngst hatte das Figurenspiel »Von Schimmelgeistern und Schokoladenkäfern« des Figurentheaters Hibisskuss Premiere. So werden Schwellen überwunden und eine womöglich lebenslange Beziehung zum Kunstmuseum aufgebaut.

Der Eintritt in das Gebäude fällt ohnehin leicht. Zunächst kann man sich draußen auf der Terrasse im Spätsommer einen Eiskaffee gönnen und das bunte Treiben auf der Königstraße beobachten. Oder man verabredet sich mit Freunden in die Museums-Bar mit ihrer berühmten Whisky-Sammlung und einer eigenen Karte für die Cocktails. Da kann man dann wählen zwischen Pegu Club Cocktail, einem Drink aus den zwanziger Jahren oder dem Tanqueray Bramble mit Zitronensaft, Zuckersirup und Brombeerlikör oder etwas ganz anderem. An der langen Bartheke kann man die verschiedenen Flaschen aus aller Welt bewundern, die dort in zwei endlos erscheinenden Reihen stehen. Auf der dritten, der obersten, bilden die grünen Flaschen des Gin No. Ten den Abschluss und gleichzeitig den Blickfang.

Die Berliner Architekten des Kunstmuseums stammen aus Stuttgart. Sebastian Jehle und Rainer Hascher sagen zu ihrem Bau: »Wir wollten keinen Kunsttempel, der nur auf sich bezogen ist, sondern ein Haus, das im Zentrum der Stadt steht und wirklich lebendig ist.« Das ist gelungen. Das Foyer mit der Bar, der Kasse und dem Museumsshop ist mit schwarzen Basalt-Lavaplatten ausgelegt, es ist der Dreh- und Angelpunkt des Hauses: »Man stolpert nicht aus der turbulenten Straße gleich in die Kunst, sondern die Räume werden ruhiger, je tiefer man in das Museum vordringt.«

Im Jahr 2005 wurde das Haus eröffnet. Es ist heute schier unvorstellbar, wie umstritten der Bau war, und wie schnell sich die Stuttgarter Bürger mit

buchhaus
wittwer
BW Bank
Baden-Württembergische Bank
BW Bank
EAT
ART
18.9.2010 – 9.1.2011
27
27

ihrem Kunstmuseum identifiziert haben. Schon im ersten Jahr kamen mehr als 300 000 Besucher. Und der Strom reißt nicht ab. Es ist ein eleganter, ruhiger Baukörper, mehr als 65 Millionen Euro hat die Stadt sich dieses Haus kosten lassen. Und es war gut, dass OB Schuster den Neubau zu seiner Angelegenheit gemacht hat. Diese architektonische Entwicklung am Kleinen Schloßplatz hatte Nachbeben zur Folge: Mit dem Neubau der Königsbau-Passage wurde kurze Zeit später die Stuttgarter City weiter aufgewertet. Bei der Eröffnung des Museums schrieb der »Berliner Tagesspiegel«: »Das neue Kunstmuseum Stuttgart ist ein architektonisches Juwel, und darüber hinaus, und das ist vielleicht seine noch größere Leistung, die geradezu geniale Heilung einer städtebaulichen Wunde.«

Mit der Wunde ist der Abriss des Kronprinzenpalais nach dem Krieg gemeint, an dessen Stelle der sogenannte Kleine Schloßplatz errichtet wurde, auf einer Betonplatte, unten durch rollte der Verkehr. Der Platz war tot, und erst als 1993 zur Internationalen Gartenschau und zur Leichtathletik-Weltmeisterschaft eine große Freitreppe angebaut wurde, begann die Bevölkerung, insbesondere die junge, erst die Treppe, dann den Platz anzunehmen. Die Stuttgarter liebten und hassten diesen Ort.

Der Streit ist vorbei, das Museum gehört heute ganz selbstverständlich zu Stuttgart. Kunst kann nur blühen, wo Handel und Wandel blühen. Heute, wo sich viele Städte überlegen, Bäder und Museen wegen Geldmangels zu schließen, erscheint Stuttgart wie eine Insel der Seligen. Denn diese Sorgen hat man hier nicht. Hier wird nicht der Mangel verwaltet, und die Menschen haben sich daran gewöhnt, dass sich neben den Staatsgalerien ein neues Museum in den Herzen der Bürger dieser Stadt etabliert hat.

Die Stadt Stuttgart hat sich mit diesem Haus einen lang ersehnten Traum erfüllt. Solche Museen prägen das Bild der Menschen von der Kunst, beeinflussen mit, ob sie gerne in solch ein Haus gehen und was sie unter Kunst verstehen. In das Stuttgarter Kunstmuseum wird man jedenfalls geradezu hineingezogen.

Während die Staatsgalerien alle Epochen der Malerei sammeln, ist das Kunstmuseum ein Haus für zeitgenössische Kunst und für die klassische Moderne. Dass die Freitreppe nach dem Bau des Museums wieder zum selbstverständlichen Bild der Königstraße gehört, hat dazu beigetragen, dass das Haus selbst so schnell und so begeistert angenommen worden ist. Eva Klingenstein sagt, es sei ein sehr schwäbischer Bau, »steingewordenes schwäbisches Understatement«. Denn man sieht von außen nur den Kubus mit seinen 1000 Quadratmetern Ausstellungsfläche. Unter der Erde aber befinden sich weitere 4000 Quadratmeter. Der Bau ist so spannend wie seine Bilder, denn diese unterirdischen Flächen befinden sich in den alten Tunnelröhren.

»Das unterirdische Autobahnkreuz von 1969 mit seinen fünf Straßentunneln und einer Straßenbahntrasse war bereits jahrelang stillgelegt«, erzählt der Architekt Professor Hascher. Es war nur noch von der Stuttgarter Sprayer- und Skaterszene genutzt worden. Anstelle der fünf bis zehn Meter hohen Röhren entstand die heutige Ausstellungsebene 0 im Erdgeschoss. Die ehemalige Straßenbahntrasse im Tunnel D und die Rampe in Röhre C ergaben die Ausstellungsebene –1. Sechs Zentimeter dicke Stahlplatten sorgen heute dafür, dass der Besucher nicht mitbekommt, dass er weiterhin von Tunnels umgeben ist, die unter dem Stuttgarter Kessel den Verkehrsfluss ordnen. Täglich fahren rund 50 000 Autos durch die verbliebenen Röhren – und im Museum ist es ruhig. Lediglich das ferne Geräusch der Skater auf dem kleinen Schloßplatz ist deutlich hörbar. Heute dürfen die Skater nicht mehr auf den Platz.

Die Anita musste im Übrigen in einem Kraftakt gerettet werden. Die Erben von Otto Dix wollten das Werk verkaufen – es hätte einen hohen Preis erzielt, und Stuttgart wäre um ein Wesensmerkmal ärmer gewesen. Die Landesbank Baden-Württem-

Gegenüberliegende Seite: Von ganz oben im Kunstmuseum ist der Blick auf die Stadt überwältigend.

Der Eingang ist keine Schwelle, er lädt ein, das Kunstmuseum zu besuchen.

berg hat 2006 einen zweistelligen Millionenbetrag gestiftet, damit das Bild angekauft werden konnte. Der damalige Chef der LBBW Siegfried Jaschinski und Oberbürgermeister Wolfgang Schuster haben sich große Verdienste um das Museum erworben. Denn Otto Dix gehört zum Kernbestand der Stadt, seine Anita, sein Tryptichon der Großstadt, seine Kinderbilder und das wunderbare Porträt seiner Frau bilden das »Heiligtum« des Museums.

Nach dem Krieg wollte niemand etwas von Otto Dix wissen, der sich während der Nazi-Diktatur an den Bodensee zurückgezogen hatte. In den fünfziger Jahren lernte Eugen Keuerleber, der damalige persönliche Referent des damals berühmten Kulturreferenten der Stadt Hans Schumann, Otto Dix kennen. Er galt als ein verschollener Dresdner Maler. Aber Keuerleber war fasziniert, sein Chef auch – und der porschefahrende Oberbürgermeister Arnulf Klett ebenso. So kaufte die Stadt immer mehr Werke von Dix, und als Arnulf Klett im Jahr 1964 das Bild »Prager Straße« schier im Alleingang für 60 000 Mark kaufte, war Dix so begeistert, dass er der Galerie sofort das Großstadt-Triptychon als Dauerleihgabe überließ, es kam aus dem Essener Folkwang-Museum. So wurde Dix zu einem Künstler, der Stuttgart prägt, obwohl er nicht hier gelebt hat.

Natürlich könnte ich jetzt Hunderte anderer Künstler aufzählen, die im Museum ausgestellt sind, aber das würde den Rahmen sprengen. Willi Baumeister, der Maler des Abstrakten, sei wenigstens genannt. Seine Tochter Felicitas Baumeister ist eine engagierte Stuttgarter Bürgerin und verwaltet penibel den Nachlass ihres Vaters. Das ganze Haus ist ein großer Gewinn für Stuttgart. ■

Als die Piëchs, die Rede ist von der VW-Dynastie, vor einigen Jahren Feinkost Böhm retteten, gab es keinerlei wirtschaftliche Hintergründe für diese Tat. Die Familie ist in Stuttgart verwurzelt, sie wollte einfach eine Firma, die es verdient hat, wieder auferstehen lassen, nachdem sie in die Insolvenz geraten war. Heute strahlt Feinkost Böhm in der Kronprinzstraße in altem Glanz.

Die Rettung war in der Tat ein Akt der Kultur, Finanzinvestoren hätten anders gehandelt. Und obwohl es für die Piëchs ein geschäftliches Risiko darstellte – niemand wusste, ob der Markenname zu retten war, ob die neue Lage gut ankommen

Feinkost Böhm – hier lässt es sich ebenso gut einkaufen wie bei Harrods in London oder Lafayette in Paris.

Rund 700 verschiedene Weine bietet Böhm seinen Kunden an.

würde –, hat sich die Investition bis heute bezahlt gemacht. Böhm schreibt schwarze Zahlen.

Mehr als 150 Beschäftigte kümmern sich um Kunden und um die Produkte. Wer seit Jahren bei Böhm einkauft, stößt unweigerlich auf Sieglinde Linder, die seit 57 Jahren bei Böhm arbeitet und noch heute jedem Kunden erzählt, dass sie an ihrem ersten Arbeitstag bei Böhm mit dem Eierkarton die Treppe hinuntergefallen ist. Sie kann nicht ohne Böhm leben und Böhm nicht ohne sie.

Mehr als 300 Lieferanten sorgen dafür, dass Lebensmittel aus aller Welt in höchster Qualität in die Kronprinzstraße geliefert werden. 700 Weine bietet Böhm seinen Kunden an. Ein Gremium aus dem Prokuristen Christian Hartmann und dem Leiter des zentralen Einkaufs, Heinrich Götzenberg, sowie Spezialisten entscheiden, welches Produkt zu

Böhm passt, welche Ware man dem Kunden anbieten soll, welche nicht. Götzenberger kommt aus der Sternegastronomie. Übrigens zeigen auch die Piëchs großes Interesse an vielen Produkten.

Mehr als tausend Gänse werden jedes Jahr bei Böhm verkauft. Man kann sie am Wurststand frisch erwerben: Brust oder Keule – eine wunderbare Köstlichkeit. Es gibt auch Lebensmittel, die man nicht unbedingt bei Böhm vermuten sollte, die aber zum Kern der Marke gehören, wie beispielsweise die selbstgemachten Fleischküchle – 17 000 werden jährlich verkauft! Und ein besonders gut verkauftes Produkt ist die Kalbslyoner, die bei den Kunden seit Jahrzehnten verwurzelt ist. Der Geschmack darf sich niemals ändern, sagt Prokurist Hartmann. Und auch der frisch gepresste Orangensaft gehört für die Käufer zum Grundbestand von Böhm. 150 000 Orangen werden Jahr für Jahr gepresst. Es muss nicht immer der teuerste Wein, der beste Champagner sein, den man hier selbstverständlich genauso findet wie Wagyu-Steak, das beste Rindfleisch der ganzen Welt.

Man stößt bei Böhm auf viele Männer in Anzug und mit Krawatte, die sich offenkundig gerne hier aufhalten. Bei Böhm einkaufen ist natürlich auch ein Statussymbol. Man trifft sich samstags an der Bar zu einem schönen Frühstück und kauft dann ein. Später kommt man vielleicht, um Sushi zu essen. Die Einrichtung einer Sushi-Bar war die alleinige Entscheidung der Piëchs, die Bar gehört mittlerweise zu den besten Abteilungen des Hauses. Der Koch Somchai kommt ursprünglich aus Thailand, hat langjährige Erfahrungen in Japan gesammelt und ist aus München abgeworben worden. In Japan durfte er am Anfang jahrelang nur Reis kochen. So wird man zum Sushi-Spitzenkoch. Es gibt Gäste aus Düsseldorf, wo es bekanntlich ein riesiges japanisches Viertel mit entsprechenden Lokalen gibt, die die Sushi-Bar von Böhm für die beste in Deutschland halten. Böhm scheut heute auch nicht davor zurück, die eigene Qualität in das Volksfestzelt von Göckelesmaier zu tragen – mit einem eigenen Koch. Die Plätze sind sechs Wochen vor Beginn des Volksfestes ausgebucht.

Zusammen mit Käfer in München und auch Harrods in London kauft man auf dem Großmarkt in Paris ein. Böhm ist stolz darauf, in dieser Klasse mitzuspielen und die Erfahrung zu machen, dass das KDW in Berlin zu groß und unübersichtlich ist und Käfer in München ein traditionelleres Image hat. Böhm ist jünger und moderner. Ein Stuttgarter Juwel. ■

Murrhardter Hof

»Der Kartoffelsalat ist besser als meiner – und ich mache ihn doch nach dem alten Rezept meiner Mutter selig«, schwärmt Beate, die selbst sehr gerne und sehr gut kocht. Sie kennt die Stuttgarter Gastronomie-Szene in- und auswendig, ihr Urteil hat Gewicht. »Die Säure korrespondiert mit den Zwiebeln, jedes Rädle ist von den anderen getrennt, es gibt keine Matsche. Echt köstlich, ein Genuss.« Und Tochter Maxi ergänzt: »Der Kartoffelsalat ist schön warm. Die Rädle sind perfekt ›schlondzig‹!« So ist es. Die Spätzle sind selbst gemacht, die gefüllte Kalbsbrust ist klassisches schwäbisches Essen und schmeckt auch so. Was kein Wunder ist, wir sind in einem urschwäbischen Lokal am Wilhelmsplatz, dem renommierten Murrhardter Hof. Die Auswahl an württembergischen Weinen ist entsprechend. Hier gibt es beispielsweise den wunderbaren Lemberger des Grafen Neipperg.

Früher, als die »Stuttgarter Zeitung« noch im benachbarten Tagblatt-Turm war, verbrachten viele Redakteure ihren ordentlichen Nachtdienst hier im Murrhardter Hof. Bis Heinz Schlegel, der Chef vom Dienst, damals einen großen Zettel in die Räume der Politik-Redaktion hängen ließ: »Der Nachtdienst der ›Stuttgarter Zeitung‹ findet in den Räumen der ›Stuttgarter Zeitung‹ statt! Hochachtungsvoll Heinz Schlegel, Chef vom Dienst.« Der Nachtdienst ging damals bis um 1 Uhr nachts und die Journalisten tranken in der Wirtschaft nicht nur ein Viertele im Lauf des Abends. Man musste aber wenigstens ansprechbar sein, für den Fall, dass etwas Ernsthaftes passierte, was unbedingt noch in die nächste Ausgabe hinein sollte. Setzer hielten im Turm die Stellung und riefen im Murrhardter Hof an, wenn der Journalist anrücken sollte. Das tat er auch – wenn er noch gerade laufen konnte. Lang, lang ist's her. Es war eine schöne Zeit.

Abendstimmung vor und im Murrhardter Hof

“Wir kochen
Murrhardter Hof
Stuttgarter Hofbräu

Schwäbische Kässpätzle statt Kebab

Aber, und das ist das Sensationelle am Murrhardter Hof, das Lokal, in dem es wirklich den besten schwäbischen Kartoffelsalat in Stuttgart gibt, gehört heute Burhan Sabanoglu, den alle kurz »Burhan« nennen. Als Burhan vor Jahrzehnten aus der Türkei nach Stuttgart kam, sprach er kein Wort Deutsch. Dann hat er sich nach und nach seinen Ruf als einer der besten Köche für schwäbische Küche in der Landeshauptstadt erarbeitet, der heute unbestritten ist – bei Gästen und bei Kollegen.

Nachdem er zuerst am Feuersee, dann im Stuttgarter Osten ein eigenes Restaurant führte, übernahm er vor kurzem den renommierten Murrhardter Hof mitten in der City. Und hier will er, hier will auch sein Sohn Fuat bleiben, der sich darauf vorbereitet, irgendwann das Erbe des Vaters anzutreten. »Die Fußstapfen sind sehr groß für mich, aber ich freue mich, wenn mein Vater mal nicht da ist. Dann merken die Gäste gar nicht, dass nicht der Vater kocht, sondern der Sohn«, sagt er mit berechtigtem Stolz.

Der Sohn hat das Kochen im alten Parkhotel des Süddeutschen Rundfunks gelernt. Er ist waschechter Stuttgarter, hat die Schwabschule und dann das Friedrich-Eugens-Gymnasium besucht und hat bei der Bundeswehr seinen Wehrdienst absolviert. »Es ist unser drittes Lokal, und das bleibt es auch. Wir haben die richtige Zusammensetzung an Gästen, es kommen Stammgäste, die seit Jahrzehnten kommen, und es kommen zunehmend auch Jüngere. Dieses Lokal ist meine Lebensaufgabe.«

Der 29-jährige Fuat arbeitet hart daran. »Man muss als Wirt auf vieles verzichten, auf geregelte Arbeitszeit, auf Freizeit, aber wenn der Gast zufrieden ist und wiederkommt, dann bin ich auch zufrieden!« Er spricht von der engen Beziehung zwischen Gast und Wirt, einer Symbiose, wenn es gelingt, persönliche Beziehungen aufzubauen. »Wir haben die ganze Einrichtung selbst gemacht, den Boden geschliffen, die Bar aufgebaut und die Polster auf die Stühle getackert.« Italienische Edelhölzer zieren die vertäfelten Wände. Es herrscht im Raum eine warme, einladende Atmosphäre.

Das Wichtigste aber ist die Küche und das Essen, und das hat Beate und ihrer Tochter wieder mal köstlich geschmeckt. ■

»Der Hoppenlaufriedhof ist wie der Central Park in New York«, sagt Uwe, »nur nicht so groß!« Der Rentner besucht den Friedhof, der einer der ältesten noch existierenden Begräbnisstätten Stuttgarts ist, seit Jahrzehnten. Er hat sich eine Bank so hingestellt, dass er und seine Frau Sieglinde möglichst viel vom Park überblicken können – nicht zur Kontrolle, sondern um am Leben des Friedhofes teilzunehmen. Denn es kommen viele: Menschen und Tiere. Uwes Hund Susie, ein schwarzer Cockerspaniel, umwedelt sein Herrchen. »Sie ist bereits der dritte Hund, den wir auf dem Hoppenlaufriedhof großziehen.« Auch Eichhörnchen und viele Vögel kreuzen den Weg. »Viele alte Menschen können die Vögel mit ihrem Namen rufen. Sie erkennen sich gegenseitig«, erzählt Sieglinde.

Der Hoppenlaufriedhof ist eine Insel der Ruhe mitten in der City.

Dann stößt Sigrid zu der kleinen Gruppe. Die drei haben sich hier im Park kennengelernt. Sigrid kommt aus dem nahe gelegenen Altenheim, wo es einen grünen Innenhof gibt. »Aber dort ist mir viel zu langweilig. Das Leben ist hier. Eigentlich merkwürdig, mitten auf einem Friedhof«, meint sie.

»Mitten im Leben sind wir vom Tod umfangen« heißt das alte Sprichwort. Hier ist es Wirklichkeit geworden. Denn zwischen den verrottenden und kaum mehr lesbaren Grabsteinen, die übrigens teilweise von anderen Friedhöfen hierher verfrachtet wurden, blüht das Leben. Heinrich Steinfest, dem bekannten Stuttgarter Schriftsteller, kommt der Ruhm zu, eine unübertreffliche Grabinschrift gefunden und entziffert zu haben: »Seine Biederkeit trotzte jedem Sturme.«

Der Friedhof ist eine kleine grüne Insel inmitten der Stadt. Umgeben vom Hotel Maritim, der Alten Reithalle und von Universitätsgebäuden ist man hier im Zentrum der Stadt und ist doch mitten in einem wunderschönen, ruhigen Park mit vielen Kastanien und auch mit sehr vielen sehr seltenen Bäumen, wie Klaus erklärt, ein Biologe, der ebenfalls hier »auftankt«.

Auf den Friedhof kommen keineswegs nur alte Menschen, es kommen Mütter mit ihren Kindern aus dem Mutter-Kindheim um die Ecke, es kommen die Studenten aus der Universität, es kommen auch die Touristen vom Maritim herüber, es kommen die Kranken aus dem Klinikum Diakonie, es kommen die Schüler aus der Gewerblichen Schule im Hoppenlau – alle aus der unmittelbaren Umgebung der kleinen grünen Insel –, so dass sich ein buntes Gemisch von Menschen unterschiedlicher Nationalität hier einfindet.

Der Friedhof ist ein Ort der Begegnung geworden. Er lebt. Auch wenn der Zahn der Zeit mächtig an den Grabsteinen nagt, auch wenn er im Laufe der Zeit immer kleiner geworden ist. Bis zum Herdweg im Norden reichte einmal seine Ausdehnung, Bosch – das heutige Bosch-Areal – hat ihm viel Platz weggenommen. Und wenn Uwe Recht hat, dann ist

Die Grabsteine zerfallen langsam, die Inschriften sind nicht mehr lesbar, aber es leben unglaublich viele Vögel und anderes Getier auf dem Friedhof.

Der Friedhof ist ein Ort der Begegnung geworden.

er eigentlich nur erhalten geblieben, weil er einen abgetrennten Teil besaß, auf dem im 19. Jahrhundert Stuttgarter Juden begraben wurden. Es war der erste jüdische Friedhof im heutigen Baden-Württemberg, der an einen Stadtfriedhof angegliedert wurde. Nach alter jüdischer Sitte legen Besucher Steine auf die Grabsteine, und auch hier finden sich solche Steine, obwohl auch die jüdischen Inschriften kaum mehr zu lesen sind. Auf einem steht: »Malachia 2,6: Das Gesetz der Wahrheit war in seinem Munde, Unrecht ging ihm nie über Lippen. In Frieden und Geradheit wandelte er vor Gott.« »Am jüdischen Friedhof konnte sich bis heute niemand vergreifen«, erzählt Uwe mit Blick auf das Maritim-Hotel, dessen mächtiger Bau im Sommer hinter dem Laub der Friedhofsbäume nahezu verschwindet. Man erzählt sich, dass Robert Bosch in den dreißiger Jahren den jüdischen Teil angeblich für seinen Konzern gekauft habe, in Wirklichkeit aber, um die jüdischen Gräber zu retten. Er hat ein paar Hütten darauf errichtet. Und nach dem Krieg ist der jüdische Friedhof wieder an die Israelitische Religionsgemeinschaft zurückgegeben worden. Selbst wenn niemand mehr heute diese Geschichte beschwören kann, so klingt sie glaubhaft. Wer sich einmal mit Robert Bosch beschäftigt hat, traut ihm diese Rettung durchaus zu.

Bis in das 19. Jahrhundert erinnerten manche Friedhöfe eher an landwirtschaftlich genutzte Gärten. Die unregelmäßig gesetzten Grabstätten waren grasüberwachsen, Kleinvieh trieb sich herum, manche legten Gemüsegärtlein an oder pflanzten Rebstöcke. Für das Abweiden auf dem Hoppenlaufriedhof verlangte die Stadt von Hasenbesitzern eine Mark im Jahr, von Ziegenbesitzern zwei Mark pro Tier im Jahr. Erst später wurden die Gräber aufwändiger und die Pflanzen regelmäßig von Gärtnern und den Trauernden gepflegt.

Der Friedhof existiert seit 1626 und steht heute unter Denkmalschutz. Seit 1880 finden hier keine Beerdigungen mehr statt. Heute ist der Hoppenlaufriedhof eine wichtige Station auf der Route der seit 1976 bestehenden Schwäbischen Dichterstraße, die mehr als 70 literarische Museen und Gedenkstätten im Land lose verbindet. In diesem Reigen gilt der Hoppenlaufriedhof als ein literarisches Museum steinerner Zeugnisse. Denn hier sind die Dichter Wilhelm Hauff, der mit 25 Jahren starb, und Gustav Schwab begraben, der Meister der klassizistischen Bildhauerei Johann Heinrich Dannecker, der Verleger Johann Friedrich Cotta und andere schwäbische Berühmtheiten wie der Schriftsteller Christian Daniel Schubart, der zehn Jahre lang oben auf dem Hohenasperg einsitzen musste.

Am kleinen Haus am Eingang des Friedhofs steht der schöne Spruch:

Mensch, willst du wissen, was dein Leben?
So merck das Wörtlein Leben eben
Liß es zu ruck, so würstu sehen,
Was es, und wie es thut vergehen.

Das Gedicht stammt von Georg Rudolf Weckherlin (1584–1653). ■

Der Westen ist einfach in! Wer Sydney besucht hat, wer Atlanta kennt, wer sich in London, Paris und Berlin zu Hause fühlt, der wird doch immer wieder in den Stuttgarter Westen zurückkehren – mit all seiner dichten Bebauung, mit der ständigen Not an Parkplätzen. Und so strömen die Familien in den Stadtteil, die Studenten, die jungen Singles – und die Alten sind eh nie weggezogen. Im Lauf der Zeit sind die Italiener dazugekommen, die Kroaten, die Türken, zuletzt die Chinesen, die heute die größte Gruppe der ausländischen Studenten an der Stuttgarter Universität bilden. Alle fühlen sich in den Gründerzeithäusern wohl und zu Hause. In den schönen

Ein schnelles Mittagessen auf der Straße: Im Westen lebt und arbeitet man.

fünfstöckigen Bürgerhäusern wohnen also bei weitem nicht nur schwäbische Ureinwohner.

Wo man in den sechziger Jahren bemüht war, den Stuck von der Decke abzuschlagen und das Parkett rauszureißen, dort pflegen heute junge Menschen das Erbe der Vergangenheit. Sie reißen sich buchstäblich um Wohnungen im Westen. Mit der S-Bahn ist man schnell durch den Hasenberg zur Universität gefahren. Und die City erreicht jeder ohne Probleme gemütlich zu Fuß.

Seit es wieder trendig ist, mitten in der Stadt zu leben, wirkt der Stadtteil wie ein Magnet. Es gibt selbstverständlich im Süden, im Osten schöne Viertel, von den Höhenlagen Killesberg, Frauenkopf, Hasenberg und den Halbhöhenlagen ganz zu schweigen. Dort oben wohnen Alteingesessene und Betuchte – es sei ihnen gegönnt. In den geraden, langen Straßenzügen durch den Westen aber leben sehr viele unterschiedliche Menschen. Einmal im Jahr ziehen Inder mit bunten Kostümen laut singend durch die Reinsburgstraße. Sie haben hier ihr Lager aufgeschlagen. Die chinesische Kirchengemeinde hat ihren Sitz in der Reuchlinstraße. Türkische Märkte sind inzwischen selbstverständlich akzeptiert, und auf dem Markt am Bismarckplatz lässt sich so gut einkaufen wie in der Markthalle.

Geht man auf der Silberburgstraße in Richtung Hölderlinplatz, so dringen am Kreisverkehr bei der Gutenbergstraße unvermittelt unglaublich schöne Töne ans Ohr. Ein Klavier wird gespielt. Das ist doch Beethoven?! Der Eindruck trügt nicht. Im Piano Centrum Matthaes spielt Joachim Stepanek, ein schlanker Mittvierziger, Beethoven-Sonaten. Der Laden ist nachmittags leer, er hat eine kleine Pause eingelegt, bevor es weiter ans Stimmen der Instrumente geht. »Ja«, sagt der Klavierbauer, »die Menschen kaufen nach wie vor Klaviere. Es gibt hier noch das gute, alte Bürgertum, das Wert darauf legt, dass ihre Kinder lernen Klavier zu spielen.«

An der Ecke Silberburg-/Schloßstraße gibt es eine weitere Insel der Kultur, die Feinkosterei Weller. Seit drei Generationen betreibt hier die Familie Weller einen Laden. German Weller ist 70 Jahre alt, er arbeitet seit 1954 in Stuttgart und steht noch jeden Tag im Geschäft, während seine Frau Brigitte für die fachliche Perfektion ohne Wenn und Aber sorgt. Sie haben beide zusammengehalten und ein Lebenswerk geschaffen, das sich sehen lassen kann. Noch in den sechziger Jahren gab es allein in Stuttgart rund 450 Metzgereien, heute sind es gerade einmal 40 über die ganze Stadt verteilt. Weller hat sehr früh damit begonnen, sich von der damals beliebten Wurstplatte als Festessen zu lösen und einen eigenen Party-Dienst aufzubauen. Er beliefert sowohl Ministerpräsidenten und große Konzerne als auch Privatpersonen. »Man muss sich hohen Ansprüchen stellen und immer selbstkritisch bleiben, nie abheben«, sagt der ältere Herr, »und immer aufgeschlossen sein für Neues, dann kann man auch ein gutes Team aufbauen, das sich für die gemeinsame Arbeit engagiert. Man darf nie angeben, man muss Vertrauen aufbauen und Vertraulichkeit wahren. Und man muss immer zuverlässig für den Kunden da sein – egal zu welcher Uhrzeit!« Das sind seine Grundsätze: »Gelassen bleiben, aber nie nachlässig werden!« Lothar Späth hat einmal auf einem großen Kongress im Neuen Schloss zu ihm gesagt: »Wenn das Essen hier nicht gut ist, dann nutzen alle Reden überhaupt nichts!«

Inzwischen hat der Sohn das Geschäft übernommen, die Tochter hat eine kaufmännische Ausbildung und ist voll im Betrieb integriert. Ein klassischer schwäbischer Familienbetrieb im Herzen des Westens, wie es leider nur noch wenige gibt. »Es muss Spaß machen, man muss den Kindern vorleben, wie schön es ist, zufriedene Kunden zu haben.« Weller verarbeitet das regionale Fleisch selbst, wie es nur noch wenige tun. »Qualität ist die Grundlage von allem!« Zum Ausgleich für das lebenslange »Dienen«, wie Weller sagt, treibt er Sport, Fußball, Tennis und Joggen gehören dazu. Und natürlich Ehrenämter! German Weller pflegt noch immer den persönlichen Kontakt zu den Kunden, die oft genug schon als Schüler des Fried-

Gegenüberliegende Seite: Straßen hinunter in die Stadt, die Häuser aus dem 19. Jahrhundert – wie mit dem Lineal gezogen

Abendstimmung über dem Häusermeer im Westen

rich-Eugen-Gymnasiums, des Königin Olga-Stiftes oder des Dillmann-Gymnasiums hierhergekommen sind, um ein kleines, preiswertes Mittagessen zu erhalten, bevor es wieder in den Nachmittagsunterricht zurückging. Die Feinkosterei kann sich mit ihrem Fleisch und in ihrer Wurst mit Böhm und jedem Stand in der Markthalle messen. Selbständige Bäcker lassen sich kaum noch finden, selbständige Lebensmittelhändler erst recht nicht, aber jeder Stadtteil in Stuttgart hat doch wenigstens noch einen oder zwei Metzger, die sich bemühen, Produkte aus regionalen Erzeugnissen für ihre Kunden zu verarbeiten. Sie sind so wichtig wie das Stammlokal.

Andreas Stark klärt mich in der Feinkosterei auf, wie ich meinen Rostbraten machen soll. Es ist der erste meines Lebens. Zunächst schneidet er sorgfältig ein schönes Stück Fleisch mit Fettrand ab, schneidet in diesen Rand hinein und sagt: »Sie müssen das Fleisch auf jeder Seite rund eine halbe

Minute mit Bratfett scharf anbraten und dann für zehn Minuten in den Backofen legen, den Sie zuvor auf hundert Grad erhitzt haben. In dieser Zeit können Sie in der Pfanne die Zwiebeln dünsten«. Das Ergebnis war in der Tat köstlich – das Fleisch mürbe, zart und innen noch rosa.

In der Augustenstraße hat die schöne Nicia ihren Salon »Nicias Haardesign«. Die Brasilianerin hat sich ihre eigene Existenz hart erarbeitet. Es gibt immer mehr Frisör-Ketten, die Preise sinken ständig, aber Nicia hat sich durch ihre Kunst, Haare zu schneiden, Frisuren zu gestalten und – wie es sich für einen Frisör gehört – den Menschen zuzuhören, ein Stammpublikum herangezogen, das ihr treu bleibt. Nicia lebt seit 15 Jahren in Deutschland, die meiste Zeit davon in Stuttgart. Sie fühlt sich wohl hier. »Ich bin hier in Stuttgart zu Hause, mehr als in São Paulo, wo ich herkomme.« Es ist wie eine Zauberei, aber Nicia ist eine alterslose Schönheit, nicht aufgedonnert, nicht aufgebrezelt, ihr natürliches Lachen nimmt die Menschen für sie ein.

Markus Mall hat sich in seinem Buch »Was Sie schon immer über Stuttgart wissen wollten«, getraut. Er hat es tatsächlich gewagt. Wenn er – so Mall – durch die Straßen des Westens gehe, dann denke er manchmal, er sei in Paris. IN PARIS! Der Westen muss sich in der Tat vor keinem Viertel in der ganzen Welt verstecken. Natürlich gibt es viele Läden heute nicht mehr. Den Metzger Föll etwa in der Reinsburgstraße. Dort, wo die Hasenbergsteige beginnt, beim schönen Gänsepeterbrunnen am Johann-Sebastian-Bach-Platz hat Wilhelm II., der letzte württembergische König, immer seine zwei Spitzhunde ausgeführt. Und bevor er die Hasenbergsteige hinaufgegangen ist, ist er zum Metzger Föll gegangen. Der hat ihm dann jedes Mal ein paar Rädle Wurst für seine Hunde gegeben. Der König war sehr beliebt bei den Menschen, gerade weil er, anders als alle anderen deutschen Monarchen, keine Uniform trug, sondern sich zivil und bürgerlich-bescheiden gab. Man grüßte den König: »Grüß Gott, Herr König!«, und er grüßte zurück.

Aus und vorbei. Auch das Milchlädle gibt es schon lange nicht mehr. Und die Konsum-Läden sind auch seit Jahrzehnten verschwunden. Dort gab es für jeden Einkauf Rabattmarken. Wenn man das ganze Jahr gesammelt hatte, reichte es aus für eine fette, große Weihnachtsgans. Seinerzeit fuhr der »Zweier«, die Straßenbahn, durch Rotenwald- und Rotebühlstraße, am Feuersee vorbei. Vorbei, vorüber! Wir haben damals als Kinder, als es noch den Westbahnhof gab, dahinter in den Höhlen gespielt, die im Krieg als Bunker gedient hatten.

Stuttgart war bis zum Krieg eine erzprotestantische Stadt. Dann kamen die Familien aus dem Osten, oft katholisch. Und bevor die Türken in den Westen kamen, hatten sich schon längst Italiener und Griechen festgesetzt und Läden und Lokale übernommen, welche die Einheimischen aufgegeben hatten.

Heute leben sie alle zusammen – die Jungen, die Alten, die Familien, die Singles, die Deutschen, die deutschen Italiener, die deutschen Griechen, die türkischen Türken und die deutschen Türken. Es ist ein buntes Völkergemisch, das sich da zusammengefunden hat und das auch nicht nur nebeneinander herlebt. Das ist der Reiz des Westens! Die alte Großmutter lebt allein in ihrer angestammten Wohnung und wird betreut. Die Kinder leben bei der Mutter und können jederzeit den Vater besuchen. Der Fußweg dauert gerade mal fünf Minuten – genauso wie der Weg ins Gymnasium.

Wo gibt es das sonst noch: Liederhalle, Literaturhaus, Gymnasien, die sich auf eine fruchtbare Konkurrenz eingelassen haben. Stammkneipen für die Ureinwohner und Szenelokale wie die »Rote Kapelle« am Feuersee für die Jungen.

Stuttgart ist selbstverständlich auch noch eine schwäbische Stadt, aber es ist auch eine internationale geworden, Heimat für Menschen aus allen Regionen dieser Welt. Natürlich entstehen dabei auch Probleme. Aber insgesamt steht der Stuttgarter Westen beispielhaft für ein friedliches Zusammenleben. Das macht ihn so liebenswert. ■

Das Trollinger

Am Feuersee im Stuttgarter Westen haben meine Kinder laufen gelernt. Es ist sehr schön, wenn man nachmittags bei einer Schorle rot-sauer auf der Terrasse des Trollinger sitzt, den Schatten der Platanen genießt, den Kindern zusieht, wie sie umherkrabbeln und versuchen sich aufzurichten. Die großen Trauerweiden am Rand des Feuersees wiegen sich im Wind, und von der Johanneskirche, die auf einer Halbinsel des Sees liegt, dringt Glockengeläut. Auf dem See schwimmen Enten, die Sonne glänzt im Wasser. Der Feuersee ist ein Zentrum des Westens, ja der ganzen Stadt. Mit der S-Bahn ist der See bequem zu erreichen.

Die Gaststätte Trollinger gibt es seit 30 Jahren. Im Innern ergeben Holztäfelungen einen warmen Ton, der durch die wandhohen Fenster zum Feuersee hin verstärkt wird. Natürlich treffen sich hier nicht nur Familien und Singles. Vertreter des nahe gelegenen Versicherungskonzerns W + W kommen hierher und auch die Lektoren des Klett-Verlages gegenüber zeigen gerne ihren ausländischen Gästen den See und den Gasthof und bieten ihnen schwäbisches Essen an. Seit der Eröffnung des Trollinger im Jahr 1981 steht derselbe Mann am einzigen offenen Holzkohlengrill in Stuttgart, es ist der Koch BarOubi aus Marokko. Der Grill und der Koch sind zu einer Einheit verschmolzen. Ein besonders schöner Platz im Trollinger ist die holzvertäfelte Ecke unten rechts mit ihren Scherenschnitten von schwäbischen Schriftstellern und Dichtern, allen voran natürlich Friedrich Schiller. Wer einmal im Trollinger angefangen hat zu arbeiten, der bleibt. Das gilt für den Wirt Ogur Ceyhan wie für Helma aus Dagestan, Jule aus Stuttgart, Cathleen aus Ostdeutschland, Irina aus der Ukraine und Mario aus Italien.

Ogur Ceyhan, ein 36 Jahre alter Türke, lebt für das Trollinger. Der Mann ist eine eigene Geschichte. Im Mai 2000 hat er sich das Restaurant angesehen, war begeistert, und hat sich als Kellner beworben. Nach einigen Monaten hatte er das erste Mal den Traum, die Gaststätte zu besitzen. »Drei Jahre habe ich Tag und Nacht gearbeitet – an sieben Tagen der Woche.« Nach diesen drei Jahren wurde er Geschäftsführer des Lokals, verließ es aber dann zunächst einmal, um in Gerlingen Erfahrungen zu sammeln. Dann kam er zurück, erwarb das Trollinger und stürzte sich voller Elan in die Arbeit. Der Wirt hat keinerlei Ausbildung – weder als Koch noch als Kellner. Aber wenn er vor dem Grill steht, ist das Fleisch genauso zart wie bei dem Grillmeister. Und da er als Kellner gearbeitet hat, weiß er, was seine Gäste erwarten. »Als ich kam, wollte ich alles besser machen. Ich weiß, wie wichtig gutes Fleisch ist, dass die Salate am Büfett immer frisch sein müssen, dass die Gäste nicht lange warten wollen.« Deshalb verlangt er viel von sich und von seinen Mitarbeitern. Und er profitiert jetzt davon, dass er sieben Jahre in der Lüneburger Heide bei deutschen Pflegeeltern aufgewachsen ist, dort Deutsch gelernt und mit seinen Pflegeeltern Weihnachten und Ostern gefeiert hat. An Weihnachten und zuvor gibt es deshalb im Trollinger selbstverständlich gebratene Gänse. Und als er danach in seine Familie kam, feierte er auch die wichtigen islamischen Feste wie das Schlachtfest, bei dem die Qualität des Fleisches traditionell hervorragend sein muss.

Ogur Ceyhan wollte immer selbständig und unabhängig sein. »Am Anfang habe ich mich im Trollinger ganz klein gefühlt, aber ich kann wachsen und lernen. Das gilt bis heute. Ich habe gelernt, Buchhaltung zu machen, Grafikprogramme für die Tischkarten zu studieren und zu begreifen, es war klassisches learning by doing.« Heute sagt Ogur Ceyhan: »Ich habe es gepackt und darauf bin ich auch stolz. Der Umsatz geht stetig nach oben.«

Natürlich hat es auch Vorurteile gegeben. Ein schwäbisches Restaurant mit dem Namen »Trollinger« in der Hand eines Türken? »Aber die Vorurteile schwinden, wenn die Gäste merken, dass die Gaststätte voll ist, dass das Essen gut schmeckt, dass der Service sehr aufmerksam ist.« Langsam wird Ogur Ceyhan gelassener, er hat seine Lebensaufgabe gefunden und die Herausforderung bewältigt: das Trollinger am Feuersee. »Es ist für mich jeden Tag eine Freude, ins Trollinger zu gehen und mit der Arbeit zu beginnen.«

Man kennt sich hier, man redet miteinander, das Trollinger ist keine anonyme Großstadtkneipe, sondern ein Treffpunkt. Mein Bruder, der in München lebt und dort in den Biergärten zu Hause ist, bewundert jedes Mal die Lage und die Qualität des Essens. In München gibt es zwar die berühmten Biergärten, aber die Auswahl an Speisen ist bescheiden. Wer auf der Terrasse des Trollinger unter den schönen, ausladenden Platanen die Enten auf dem Feuersee beobachtet, glaubt, er sei draußen auf dem Land. Dabei ist man doch mitten in der Stadt. ■

Auf der Terrasse des Trollinger am Feuersee: Hier ist es genauso schön wie im schönsten Münchner Biergarten.

Die Karlshöhe

Christa Freifrau von Tessin pflegt den Park der Villa Gemmingen zusammen mit ihrem Mann selbst. Sie arbeitet lieber, als sich ins Rampenlicht der Öffentlichkeit zu stellen. Sie gehört nicht zur Stuttgarter High Society, nicht zur Schickeria, dafür ist sie zu ernst, zu zielstrebig, zu fleißig. Die ältere Dame mit den blitzmunteren Augen verteilt auch keine Wohltaten. Ihr geht es um anderes, sie will ein Kulturgut retten.

Und das ist die Villa Gemmingen an der Karlshöhe zweifellos. Die wunderbare Villa wurde, wie die Villa Reitzenstein, die heute das Staatsministerium des Landes Baden-Württemberg beherbergt, in den Jahren vor dem Ersten Weltkrieg gebaut. Beide Villen sollten den Reichtum ihrer Besitzer zeigen. Die Villa Reitzenstein wurde zwischen 1910 und 1913 für Baronin Helene von Reitzenstein erbaut. Sie war die zweite Tochter von Eduard Hallberger, einem Stuttgarter Verleger, dessen Vater den Vorläuferverlag der Deutschen Verlagsanstalt (DVA) gegründet und zu großem Erfolg geführt hatte. Benannt ist das Anwesen nach dem Mann der Freiherrin, Carl Friedrich Freiherr von Reitzenstein. Dessen Familie wiederum stammte aus dem Fränkischen.

Die Hallbergers haben im Osten der Stadt gebaut und die Familie Siegle im Westen. Gustav von Siegle hat den Vorläufer der BASF aufgebaut, heute der größte Chemiekonzern der Welt. Der Familie hat damals fast die ganze Karlshöhe gehört und sie hat einige Villen darauf errichtet, von denen nur noch die Villa Gemmingen steht. Der Bau und der Garten stehen quer zur Ausrichtung der Karlshöhe, weshalb die Villa abgestützt werden musste. Man wollte quasi auf Augenhöhe mit der Villa Reitzenstein im Osten Stuttgarts stehen und sich sozusagen sehen können, wenn man auf den beiden Terrassen stand. Die Villa Gemmingen wurde 1905 bis 1911 auf

Hier auf der Karlshöhe trifft sich Jung und Alt: Studenten, Paare, Rentner.

SANWALD
Weizen
SANWALD
Weizen
SANWALD
Weizen
SANWALD
Weizen
SANWALD

Die Fahne weht, Freifrau von Tessin ist in der Villa Gemmingen.

Anregung des Stuttgarter Farbenfabrikanten von den renommierten Stuttgarter Architekten Albert Eitel und Eugen Steigleder für den württembergischen Offizier und Königlich Württembergischen Kammerherrn Friedrich Freiherr von Gemmingen-Hornberg (1860–1924) und dessen Frau Dora Freifrau von Gemmingen-Hornberg (1877–1955) erbaut. Dora war die jüngste Tochter Siegles.

Der Kammerherr von Wilhelm II., dem beliebten und angesehenen letzten König von Württemberg, der selbst immer wieder mit seinen zwei Spitzhunden zur Karlshöhe gewandert ist, brauchte ein standesgemäßes Anwesen, und das war die Villa. Heute noch existieren seine Uniform und seine Schlüssel für das Neue Schloss. Von der Villa Reitzenstein hieß es damals dagegen: »Das alles für ein einziges Bett.«

Freiherrin von Reitzenstein lebte nur neun Jahre in der Villa. Weil sie kinderlos geblieben ist, waren anders als geplant keine Kinder auf dem Anwesen. In den zwanziger Jahren des 20. Jahrhunderts kaufte das Land Württemberg die Villa. Aber auch der Königliche Kammerherr hat nicht lange in der Villa Gemmingen gelebt. Nichts hat so funktioniert, wie es geplant war. Später kaufte die Stadt Stuttgart die Villa.

Christa Freifrau von Tessin jedenfalls hat gehandelt, als die Stadt vor einigen Jahren das Gebäude wieder loswerden wollte. Lange war es Sitz des Landesdenkmalamtes, zuvor waren, nach dem Zweiten Weltkrieg, die Amerikaner drin, dann die Polizei. Es bestand Bedarf an Renovierung im Inneren und am Gebäude außen, als sie das Anwesen von der Stadt »zurückkaufte«. Die Familie derer von Tessin waren mit der Familie Siegle durch Heirat verwandt, übrigens auch mit der Verlegerfamilie Cotta, dem großen Verleger, der unter anderem die Werke von Friedrich Schiller herausgebracht hat. Christa Freifrau von Tessin machte sich also an die Arbeit. Sie hat nicht nur einen stattlichen Kaufpreis der Stadt gezahlt, sie hat aus eigener Tasche auch das ganze Haus renovieren lassen. Eine neue Heizung wurde eingebaut, und neue alte Möbel schmücken heute die verschiedenen Zimmer, von denen eines dem Andenken an Hans L. Merkle gewidmet ist, dem langjährigen Chef des Bosch-Konzerns. Merkle hatte im Laufe seines Lebens eine herausragende Bibliothek alter Ausgaben der Klassiker gesammelt. Ein Teil ist heute in der wunderschönen holzvertäfelten Bibliothek der Villa versammelt.

Freifrau von Tessin arbeitet auch ganz ohne Domestiken, sie steht mitten im Leben. Es gibt reiche Menschen, die mit ihrem Vermögen protzen, andere reden sich künstlich arm, um nicht aufzufallen, keinen Neid zu erwecken. Die Freifrau von Tessin hat das Beste getan, was sie mit ihrem Geld tun konnte. Die Villa Gemmingen ist heute innen wie außen Schmuckstück für Stuttgart. Einmalig ist die Ostlage auf der Karlshöhe mit einem Park, der nach Süden hin, eben zur Villa Reitzenstein ausgerichtet ist. Man kann die Villa übrigens für Veranstaltungen mieten, das ist in dieser Lage und dieser prachtvollen Ausstattung natürlich nicht billig.

Ganz oben auf der Karlshöhe ist eine Aussichtsplattform, von der man die ganze Stadt überblickt bis zur Mercedes-Benz-Arena in Bad Cannstatt. Niemand, der fremde Menschen durch Stuttgart führt, sollte diesen Ausflug auf die Karlshöhe vergessen. Das schöne Städtische Lapidarium am Fuß der Karlshöhe in der Mörikestraße mit alten versteinerten Erinnerungen der Stadt lädt zum Besuch.

Die Terrasse ganz oben auf der Höhe ist im Sommer bewirtschaftet, es gibt einfache Speisen, Eis, Wein und Bier – bei gutem Wetter, denn man sitzt im Freien – eine Idylle mitten in der Stadt, genutzt von Studenten, von Familien, von Alleinstehenden. Hier oben wollten die Nazis übrigens in ihrem Größenwahn einen gigantischen Rundfunksender für die Auslandsdeutschen hinstellen, die Pläne waren schon erarbeitet, der Krieg vereitelte Gott sei Dank die Ausführung. Heute kann man auf den Wiesen dämmern und dem hier wachsenden Wein zusehen. Liebespaare kuscheln unbekümmert, Kinder toben herum, während die Mütter sich einen Kaffee und einen Schwatz gönnen. Ein kleines Paradies. ■

Die Karlshöhe ist ein kleines Paradies mitten in der Stadt.

Die Stäffele

»Hinauf wackelt das Herz, hinunter die Knie«, sagt Martina Geiger. Die schlanke Frau führt uns vom Hauptbahnhofsturm mit seiner herrlichen Aussicht über Stuttgart quer durch den Schloßgarten hinauf zum Eugensplatz und dann weiter bis zur Robert-Bosch-Villa und der Villa Reitzenstein. Der Bahnhofsturm ist übrigens auf 290 Eichenpfählen gebaut, da der Untergrund nicht fest ist. Und nur Mercedes darf hier mit seinem Dreizack werben, der das große Ziel des Visionärs Gottlieb Daimler verkörpert: Mobilität zu Wasser, zu Lande und in der Luft. »Dieser Stern möge einmal mein Lebenswerk erhellen«, schrieb er einmal auf eine Postkarte und zeichnete darauf selbst den Stern.

Martina Geiger antwortet auf die Frage, warum sie Stadtführerin geworden ist: »Durch meine Liebe zur Stadt. Es ist nicht schwer, Stuttgart zu lieben, und diese Liebe ist in den vergangenen 13 Jahren noch gewachsen.« So lange arbeitet sie schon als Führerin.

Die Gäste bei Stäffelestouren sind zumeist Einheimische, die in ihrem Leben noch nie so viele Stufen gestiegen sind. Wir wollen heute rund 600 Stufen hinauf- und wieder hinuntergehen. Martina Geiger hat sich ein Jahr lang auf ihre Aufgabe vorbereitet, sie hat sich viele schriftliche Notizen gemacht und besitzt zu Hause 92 Stuttgart-Bücher. Ihre Führungen bereichert sie mit einer Vielzahl alter Fotografien. Sie ist nicht nur mit dem Herzen engagiert, sondern weiß unglaublich viel über ihre Heimatstadt. Unter der Woche arbeitet sie als Leiterin einer städtischen Kita.

An der Graf-Eberhard-Gruppe von Paul Müller im Schloßgarten zitiert sie das Lied von Justinus Kerner, die württembergische Nationalhymne: »Preisend mit viel schönen Reden«. Sie kann sie auswendig.

Martina Geiger muss sich fit halten für ihre Touren. Während ich jeden Morgen im Mineralbad Leuze im kalten Außenbecken schwimme und dann in die Saunen verschwinde, besucht sie seit vierzig Jahren das Mineralbad Berg, das Neuner, wie es früher nach den Besitzern genannt wurde. Die Bergianer sind wie die Leuzeaner eine verschworene Gemeinschaft, aber wir bleiben friedlich! Mehr dazu aber im Kapitel »Leuze«.

An der Werastraße in der Nähe der Musikhochschule, des Hauses der Geschichte und den Staatsgalerien steigen wir zum ersten Mal hinauf. Die Stufen sind ausgetreten, niedrig und das Geländer ist im Original erhalten. Wer das evangelische Pfarramt der Stiftskirche, der Hauptkirche der Protestanten im Land, besuchen will, muss sich hier hinaufbemühen – wir sind auf der Eugenstaffel. Herzog Eugen, der Mann von Herzogin Wera, war ein leidenschaftlicher Liebhaber vieler schöner Frauen, er war ihr also ständig untreu. Links und rechts der Staffel befinden sich schöne Gärten und schöne Villen.

In Stuttgart gibt es mehr als 400 Staffeln oder »Stäffele« (Treppen), wie der Schwabe sagt. Man müsste rund 20 Kilometer Stufen bewältigen, wollte man sie alle besteigen. Ihren Ursprung haben viele der Treppenaufgänge in einer Zeit, in der die Weinbauern die Hänge am Stuttgarter Kesselrand noch bewirtschafteten. Einige verbanden auch nahe gelegene Dörfer und Höfe mit der Stadt. Als Mitte des 19. Jahrhunderts die Stadt den Hang hinaufzuwachsen begann, wurden die alten Weinbergstaffeln zu Fußwegen und Treppen ausgebaut, manche sehr kunstvoll, einige wurden mit Brunnenanlagen verziert. Die bekanntesten, weil schönsten Staffeln der Stadt sind die Eugenstaffel, die Willy-Reichert-Staffel zur Karlshöhe, die Sängerstaffel, die Sünderstaffel, die Taubenstaffel und die Hasenbergstaffel.

Auf der Eugenstaffel gelangen wir zum Eugensplatz mit seiner herrlichen Aussichtsplattform und dem Galateabrunnen, einem der schönsten Brunnen Stuttgarts. Hier sieht man, warum Stuttgart immer noch die Stadt zwischen Wald und Reben ist, wie ein Slogan einst lautete. Der Brunnen selbst wurde von Königin Olga, einer der vielen russischen Prinzessinnen, die von der Familie des Königshauses Württemberg geheiratet wurden, gestiftet. Private Sammlungen und eine Spende von 20 000 Goldmark aus der Privatschatulle der Königin ermöglichten den Bau. Als er 1890 feierlich eröffnet wurde, stieß er auf

Viele Stuttgarter Stäffele sind, wie hier die Sünderstaffel, wunderschöne Spazierwege.

Auf dem Stäffele beim Schwabtunnel geht's hinauf zur Hasenbergsteige.

heftigste Proteste, denn das protestantisch-pietistische Stuttgarter Bürgertum war nicht auf die ausladenden Formen der Galatea vorbereitet. Schließlich riss der Königin der Geduldsfaden und ließ mitteilen, dass sie die Figur umdrehen werde, wenn die Proteste nicht aufhörten. Sie hörten umgehend auf. Denn bei einer solchen Drehung hätte die schöne Galatea den Bürgern von Stuttgart ihren Allerwertesten entgegengestreckt. Das denn doch nicht!

Wir kommen zur Gerokstaffel. Karl Gerok war Oberhofprediger und Dichter im 19. Jahrhundert. Er wurde besonders durch seine Predigtbände

»Palmblätter« bekannt, die in keinem protestantischen Haushalt fehlen durften, und Stuttgart war eine durch und durch protestantische Stadt. Er wurde 1866 Ehrenbürger der Stadt Stuttgart. Ihm verdanken die Stuttgarter eines der schönsten Gedichte auf ihre Stadt:

Gruß an Stuttgart

Da liegst du nun im Sonnenglanz,
Schön, wie ich je dich sah,
In deiner Berge grünem Kranz,
Mein Stuttgart, wieder da.
Liegst da, vom Abendgold umflammt,
Im Tale hingeschmiegt,
Gleichwie gefasst im grünen Samt
Ein güldnes Kleinod liegt!

Von froher Fahrt, aus fremdem Land
Wall ich dir wieder zu,
Doch was ich draußen Schönes fand:
Die liebste Stadt bleibst du.
Der Straßen Lärm, der Peitschen Knall,
Des Tagswerks muntrer Lauf,
Grüßt wieder mit vertrautem Schall
Mich aus dem Tal hinauf
[...]

Die Sprache ist uns fremd geworden, aber die Begeisterung, die aus den Zeilen spricht, können wir auch heute erleben und teilen.

Weiter geht es hinauf, an der Villa Hauff vorbei, heute ein Jugendhaus. Wir befinden uns auf der Hillerstaffel. Wer noch ein evangelisches Gesangbuch hat, wird darin viele Lieder des Pfarrers Hiller entdecken. Und dann stehen wir staunend vor dem Kanonenhäusle, einem Haus aus rotem Backstein. Beim Kanonenhäusle geht es nicht um eine kriegerische Angelegenheit. Das Haus mit einer Plattform auf dem Dach wurde vielmehr nach einem verheerenden Brand in Esslingen im Jahr 1702 errichtet. Die Wächter auf der Plattform sollten die Einwohner von Stuttgart vor einem Brand warnen. Dazu wurden laute Kanonen abgeschossen. Das Glockengeläut der Kirchen galt seinerzeit als nicht ausreichend. Das Kanonenhäusle befindet sich in einer herausragenden Stellung unmittelbar am Kesselrand des inneren Stuttgarter Stadtgebiets. Damit war es dem Wächter möglich, Brände im gesamten

Auf der Sängerstaffel

damaligen Stadtgebiet Stuttgarts sofort zu erkennen. Und natürlich schoss man auch Salut, wenn der Thronfolger zur Welt kam oder anlässlich des Sieges über Napoleon im Jahr 1815 bei Waterloo und natürlich zum 25-jährigen Regierungsjubiläum von König Wilhelm I. Später wurde dann in Stuttgart eine Berufsfeuerwehr gegründet und Feuermelder wurden obligatorisch. Heute ist die Aussicht auf die Stuttgarter Innenstadt durch den Bewuchs stark beeinträchtigt. Das Haus ist bewohnt.

Wir gelangen zur Galerie Valentien, einem schönen palastartigen Haus von Paul Bonatz aus dem Jahr 1913. Der Architekt hat eine Zeitlang direkt daneben gewohnt, bis er auf die Feuerbacher Heide zog. Und dann sind wir auch schon in der Gänsheide, in der Heidehofstraße, auf dem »evangelischen Hügel«. Denn hier hat der evangelische Oberkirchenrat sein Gebäude, zahlreiche Verwaltungen und kirchliche Gerichte sind hier versammelt. Die Kirche erbt auch immer wieder ein schönes Haus, das sie oft genug anschließend erst noch teuer renovieren muss. Der Mofa-Fabrikant Kreidler hatte hier seine Villa, aber die eindrucksvollsten Bauten sind natürlich die Villa von Robert Bosch und der elegante Neubau des Bosch-Hauses Heidehof. Hier hat man einen fantastischen Blick über die Stadt, zum Stadion, auf den Württemberg, auf die Uhlandshöhe mit der städtischen Sternwarte.

An der Villa Reitzenstein endet unsere Tour durch den schönen Osten von Stuttgart. Hier residiert der Ministerpräsident von Baden-Württemberg. Von außen sind fast nur die alten Stallungen zu erkennen, die eigentliche Villa verschwindet hinter hohen Bäumen und der Auffahrt. Ein paar Schritte weiter befindet sich eine kleine Aussichtsplattform und uns liegt Stuttgart zu Füßen. Eine wunderbare Aussicht!

Schneller als hinauf geht es hinunter auf der Georg-Elser-Staffel – der Schwabe Georg Elser war ein bewundernswerter Mann, er hat am 8. November 1938 versucht, Adolf Hitler im Münchner Bürgerbräukeller zu töten. Was wäre Europa erspart geblieben, wenn sein Attentat Erfolg gehabt hätte! Schließlich landen wir vor dem Wilhelmspalais, in dem der letzte württembergische König Wilhelm II. gewohnt hat.

Treppauf, treppab die Stadt mit einer Stadtführerin wie Martina Geiger zu erkunden geht nur in Stuttgart. Eine echte Besonderheit! ■

Uns geht es gut: Wir leben in einer gemäßigten Klimazone ohne Tsunamis, ohne größere Erschütterungen der Erde, ohne Vulkanausbrüche oder Hurrikans. Mehr noch, Deutschland ist heute nur von Freunden umgeben, die Deutschen zählen zu den angesehensten Völkern der Erde – das hat eine repräsentative weltweite Befragung der britischen Rundfunkanstalt BBC ergeben – und wir leben seit mehr als 60 Jahren in Frieden. Wann hat Deutschland je eine so lange Friedensperiode erlebt? Die Wehrpflicht ist abgeschafft, wir werden von niemandem bedroht und – was mir noch wichtiger ist – wir bedrohen niemanden mehr. Noch jeder Hartz-IV-Empfänger lebt hierzulande besser als Milliarden Menschen irgendwo auf der Erde. Das ist ein Anlass zu tief empfundener Freude und zu großer Dankbarkeit. Unsere Väter und Großväter, unsere Mütter und unsere Großmütter wären glücklich gewesen, hätten sie heute leben dürfen. Wir dürfen nie vergessen, welches unermessliche Leid Hitler-Deutschland über Europa gebracht hat.

Warum an dieser Stelle diese Töne? Ich stehe auf dem Birkenkopf, der höchsten Erhebung im inneren Stadtgebiet von Stuttgart, 511 Meter hoch, fast 300 Meter über dem Neckar. Der Platz auf dem Gipfel des Berges bildet ein Halbrund, am Rand liegen Trümmerreste aus dem Zweiten Weltkrieg. Das alte Stuttgart war im Bombenhagel untergegangen. In den fünfziger Jahren hat man auf dem Birkenkopf die Trümmer aufgeschüttet und den bis dahin rund 470 Meter hohen Berg aus hartem Stein, es ist Schwarzjura-Kalk, damit um 41 Meter erhöht. Mehr als 15 000 000 Kubikmeter Trümmerschutt wurden hier aufgeschüttet, eine schier unvorstellbare Menge. Im Volksmund heißt der Birkenkopf heute noch »Monte Scherbelino«. Hier oben liegen die Reste alter Bürgervillen und großer Mietshäuser, schwere Gesteinsbrocken. Kinder können heute unbefangen dazwischen Verstecken spielen, und Eltern können ihren Kindern plastisch erklären, was Krieg bedeutet.

Der Gipfel wird gekrönt von einem stählernen Kreuz, das seit 2003 das alte Holzkreuz abgelöst hat. In der Sommerszeit finden hier sonntags auch Gottesdienste statt. Ein Altar aus Trümmersteinen inmitten des Halbrunds ist der ideale Ort, um über das Leben nachzudenken. Eine an den Trümmern angebrachte Tafel erinnert an deren Herkunft mit der Inschrift: »Dieser Berg nach dem Zweiten Weltkrieg aufgetürmt aus den Trümmern der Stadt steht den Opfern zum Gedächtnis den Lebenden zur Mahnung.«

Oben treffe ich Rainer, einen pensionierten Lehrer, der immer wieder hierherkommt, sich auf

Ein Ort, der nachdenklich macht: das stählerne Kreuz auf dem Birkenkopf.

einen Stein setzt und meditiert. »Stuttgart ist eine schöne Stadt, eine Stadt des Kessels und der Hügel«, sagt er. Und Janine, eine junge Frau, ist durch den Kräherwald an diesem Spätsommertag das erste Mal in ihrem Leben auf den Monte Scherbelino gefahren. Sie kann es gar nicht glauben, dass sie noch nie hier oben war, sie ist überwältigt von der phantastischen Aussicht und will jetzt jeden Tag mit dem Rad hierher, um fit zu bleiben und die Schönheit des Stuttgarter Kessels zu genießen. Bei schönem Wetter und guter Sicht reicht der beeindruckende Rundumblick von den Löwensteiner Bergen im Norden bis zur Burg Hohenzollern im Süden. Der Blick nach Osten geht hinunter bis zum Neckar, im Westen dehnen sich Wälder aus. Eine runde Metallplatte erklärt die Himmelsrichtungen und was man alles sehen kann. Sie ist neben der großen Eiche, dem einzigen großen Baum oben auf der Gipfelplatte angebracht.

Wer Stuttgart bei Nacht oder das große Silvesterfeuerwerk genießen will, sollte unbedingt auf den Birkenkopf wandern. Der Weg ist weder tags noch nachts wirklich beschwerlich, in rund 20 Minuten ist man vom Parkplatz an der Geißeichstraße oben. Bei Dunkelheit braucht man allerdings unbedingt eine Taschenlampe, denn der Weg hinauf ist nicht beleuchtet.

Der Verkehrslärm von den vielbefahrenen Straßen ringsum wird immer geringer, je höher man steigt. Laubwälder, Birken, Linden stehen am Wegesrand, der ganze Berg ist dicht bewaldet. Holunder, Beerensträucher säumen den Weg, einige Radler sind unterwegs, eine Mädchengruppe hat sich heute den Birkenkopf als Ziel gewählt, junge Liebespaare, alte, weißhaarige Menschen, die von Bank zu Bank wandern. Aber insgesamt sind hier meist nicht viele Wanderer unterwegs, man könnte fast vom Birkenkopf als einem Geheimtipp sprechen.

Wer Lust hat, einmal um Stuttgart herum immer im Grünen zu wandern – nur zu: Der Birkenkopf ist Teil des Rundwanderweges um Stuttgart herum, der 53 Kilometer umfasst. ■

Über den Trümmern des Zweiten Weltkrieges ein wunderbarer Ausblick auf die friedliche Stadt

Schloss Solitude

Auf *der* Solitude, wie man in Stuttgart knapp die Schlossanlage an der westlichen Gemarkungsgrenze nennt, treffen sich die Wege dreier berühmter Familien auf eine einzigartige Weise – und die wenigsten Besucher wissen davon.

Ich rede nicht von dem verschwendungssüchtigen Herzog Carl Eugen, der das Lustschloss im 18. Jahrhundert bauen ließ und später hier seine Eliteschmiede Karlsschule gründete, der sich auf den Deckengemälden im Weißen Saal als ein Förderer seines Landes darstellen ließ, während er in Wahrheit das bitterarme Herzogtum Württemberg mit seiner Prunksucht ruiniert hat. Von den gigantischen Garten-, Teich-, See- und Parkanlagen, die einstmals das Schloss umgeben haben, ist heute nur noch der allerkleinste Teil erhalten. Es hätten 150 Fußballfelder darin Platz.

Es soll auch nicht von Friedrich Schiller gesprochen werden, dessen Vater Johann Kaspar hier Leiter der herzoglichen Hofgärten war. Der Dichter selbst besuchte hier widerwillig die »militärische Pflanzschule«, die spätere Karlsschule.

Die Rede ist auch nicht von Ex-Ministerpräsident Lothar Späth, der auf der Solitude eine Kunst-Akademie zum Ruhme des Landes und zu seinem eigenen eingerichtet hat und nebenan in der Dienstvilla residierte.

Und auch nicht von der hervorragenden Küche von Jörg Mink im Schlossrestaurant. Auf der Terrasse des Restaurants zu sitzen und schwäbischen Rostbraten mit einem guten Lemberger zu genießen, ist ein Erlebnis für sich. Ein himmlischer Ort der Ruhe und des Friedens. Man blickt von hier auf Wiesen, Obstbäume und den Wald.

Nein, die drei Familien, von denen ich hier sprechen will, tragen die berühmten Namen Bosch, Graevenitz und Weizsäcker. Der Bildhauer Fritz von Graevenitz hat nach dem Zweiten Weltkrieg auf der Solitude gelebt und gearbeitet. Robert Boschs Büste steht hier im kleinen Graevenitz-Museum. Wer weiß noch, dass die schönen Delphine im Untertürkheimer Inselbad, das Paul Bonatz errichtet hat, von Graevenitz gestaltet worden sind?

Der Künstler entstammte einer württembergischen Offiziersfamilie. Der Vater, ein General, erhielt das größte heute noch erhaltene Kavaliershaus auf der Solitude, und dort ist heute das Graevenitz-Museum eingerichtet, dessen Motor die vier Töchter des Künstlers sind. Und die Kunsthistorikerin Julia Müller ist das Herz und die Seele des Museums. Sie erzählt, sie redet, sie kennt jede Figur, jedes Bild von Graevenitz. Theodor Heuss hat ihn außerordentlich geschätzt, es gibt noch einen Brief von ihm, als Graevenitz 1946, ein Jahr nach dem Ende der Nazi-Diktatur, von seinem Posten als Rektor der Kunstakademie Stuttgart zurücktrat.

Die Familie Weizsäcker besaß ebenfalls ein Kavaliershäuschen auf der Solitude. So durfte der ehemalige Bundespräsident Richard von Weizsäcker seinem Onkel Fritz von Graevenitz als kleiner Junge Modell stehen. Weizsäcker hat sich später sehr herzlich über den Künstler geäußert: »Der Bruder unserer Mutter hat uns seine Liebe zu Bergen und Seen, zu Wäldern und Tieren, seine Freude an ursprünglichen Menschen mitgeteilt. Sein Glück über die Farbe, die ihm als Bildhauer verwehrt war und die aus seinem inneren Auge wie eine Melodie zu uns kommt, hat er uns miterleben lassen.« Graevenitz' Schwester Marianne hatte Ernst von Weizsäcker geheiratet, den Sohn des letzten königlich-württembergischen Ministerpräsidenten, weshalb der frühere Bundespräsident auch im Neuen Schloss geboren worden ist.

Die Gräber von Ernst Freiherr von Weizsäcker und Marianne von Weizsäcker sowie von Heinrich

Abendstimmung am Schloss Solitude

Folgende Doppelseite: Die Solitude ist ein schwäbisches Nationaldenkmal.

von Weizsäcker, der in den ersten Tagen des Zweiten Weltkrieges auf der Tucheler Heide gefallen ist, befinden sich auf einem kleinen Friedhof auf der Solitude. Aber man muss den Friedhof schon suchen, den die Weizsäckers regelmäßig besuchen. Auch John Cranko liegt hier begraben, da der Ballett-Künstler in einem der Kavaliershäuschen wohnte, die zur Schlossanlage gehören. Und natürlich Fritz von Graevenitz selbst.

Und was hat es nun mit den Boschs auf sich? Eine der vier Graevenitz-Töchter, Irmgard, hat Robert Bosch junior, den Sohn von Robert Bosch und Margarethe Fischer-Bosch, geheiratet. Und so verbindet die Solitude die Familien Graevenitz, Bosch und Weizsäcker miteinander, die doch ganz unterschiedliche Lebensläufe hatten.

Im Winter ist die große Wiese unterhalb des Schlosses, die den Beginn einer einst schnurgeraden Straße zum Ludwigsburger Schloss bildet, ein Paradies für Familien und Liebespaare. Kinder können hier im Winter herrlich Schlitten fahren – wenn es Schnee hat. Im Sommer empfiehlt sich eine Führung durchs kühle Schloss.

Als ich hier oben war, erzählte der Chemiestudent Simon – er verdient sich mit den Führungen durchs Schloss sein Studium – mit großem Engagement von der Geschichte und dem Bau des Gebäudes. Der Herzog hatte sich kleine Wohnräume im Schloss einrichten lassen, obwohl er nur selten hier übernachtete. Es musste die vollständige Einrichtung vorgehalten werden. Im Schlafzimmer findet sich ein Kamin, der nachts befeuert werden musste. Was ein Problem war, da die Kammerdiener das Schlafzimmer des Herzogs nur auf seinen persönlichen Befehl betreten durften. Wie konnte aber der Herzog neues Holz bestellen, wenn er doch schlief? Also baute man einen winzigen Quergang von anderen Räumen zum Kamin, durch den die Diener nachts kriechen mussten, um nach dem Feuer zu sehen und um Holz nachzuschieben, ohne den Herzog aufzuwecken. Geschichte kann auf der Solitude sehr lebendig und sehr konkret werden. ■

Stuttgarter Türken, türkische Stuttgarter

Ahmed Arpad erzählt aus seiner Familie, aus seinem Leben. Wir sitzen im Charisma, dem schönen Kellerrestaurant in der Eberhardstraße, essen türkische Vorspeisen und trinken Raki und türkischen Rotwein, »Villa Doluca«. Wir, das sind außer mir Vater und Sohn Arpad. Ihr Leben ist eng mit der Stadt Stuttgart verbunden. Ahmeds deutsche Frau stammt aus Obertürkheim, sie ist in der Reinsburgstraße aufgewachsen. Die Arpads wohnen seit langem am Kräherwald. Ahmed, der Vater, hat als Kind das berühmte deutsche Gymnasium in Istanbul besucht, sein Vater war Übersetzer und Schriftsteller. Er hat Erich Maria Remarque, Stefan Zweig, Anna Seghers ins Türkische übersetzt. Ahmed hat dann nach dem Abitur zunächst Philologie in Deutschland studiert, sich dann aber entschlossen, die renommierte Hotelfachschule in Tegernsee zu besuchen. Das war 1968. Dort wurde Ahmed ohne jede Probleme von den Oberbayern angenommen. Dann musste er zurück in die Türkei, er musste zwei Jahre lang seinen Wehrdienst ableisten. Er arbeitete als Dolmetscher im Generalstab. Im Olympiajahr 1972 kam Ahmed wieder nach Deutschland, dieses Mal ins Münchner Sheraton, damals eines der modernsten Hotels in Bayern mit über 1000 Zimmern, in der Zeit der Spiele voll belegt mit Gästen aus der ganzen Welt.

Ende 1972 dann Stuttgart, wo er bis heute geblieben ist. Er hat gleich geheiratet, eine glückliche Ehe. In Stuttgart hat er unter anderem im Hotel Graf Zeppelin gearbeitet, bis er sein Leben wieder anders gestaltete. Er eiferte seinem Vater nach und übersetzte seinerseits deutsche Literatur ins Türkische, unter anderem Hermann Hesse, Johannes Mario Simmel, Stefan Zweig, Hans Fallada, über zwanzig Jahre lang. Er war *der* Simmel-Übersetzer schlechthin, hat ihn auch persönlich kennengelernt und arbeitet bis heute auch regelmäßig für die Zeitung »Cumhurriyet« als Korrespondent aus Baden-Württemberg.

»Obwohl ich vierzig Jahre hier bin, habe ich nur einen Pass, den türkischen. Manchmal ärgere ich mich, dass ich nicht wenigstens bei Kommunalwahlen mitmachen kann, aber so ist es. Ich habe die ersten 25 Jahre meines Lebens in der Türkei erlebt, bin dort geprägt worden, so bin ich in erster Linie Türke, aber ich habe die Mentalität der Deutschen angenommen.« Es ist ihm wichtig, dass nicht nur die deutsche Gesellschaft ihm etwas gegeben hat, sondern dass auch er der Gesellschaft etwas gibt. »Fremde sind auch eine Bereicherung. Ich habe mehr als 30 Bücher ins Türkische übersetzt, deutsche Literatur in der Türkei bekannt gemacht, mein Vater hat das deutsche Bundesverdienstkreuz erhalten.«

Als 1976 Kerim Arpad in Stuttgart zur Welt kam, hat ihm der Arzt in der Klinik geraten, den Sohn erst einmal Deutsch lernen zu lassen und erst später Türkisch. Kerim ging zur Grundschule im Sonnigen Winkel, er besuchte zuvor den evangelischen Waldkindergarten. »Meine Herkunft war kein Thema«, sagt der Sohn. Kerim hatte eine entspannte Kindheit und Jugend in Stuttgart. Auf dem Dillmann-Gymnasium machte er sein Großes Latinum und Abitur. »Die Atmosphäre war sehr familiär. Man kannte alle Lehrer und sie uns. Wir konnten uns entfalten.« Folgerichtig schlug Kerim in der 12. Klasse vor, die Studienfahrt nach Istanbul zu unternehmen, was auch geschah. »Mein Vater hat die Reise zusammengestellt und ich war Reiseleiter.« Nach dem Abitur, im Zivildienst an der Volkshochschule im Stuttgarter Osten, traf er erstmals türkische Jugendliche, die mehr Schwierigkeiten im Bildungswesen hatten als er. Für alle, die dort ihren Hauptschulabschluss nachholten, war er ein guter Gesprächspartner. An der Universität Stuttgart, wo er ein Studium der Poli-

Türken gehören heute genauso zum Stadtbild wie Schwaben – und manche Türken sind längst Schwaben geworden.

tologie und der Geschichte anfing, hatte Kerim zwei Freundeskreise, einen deutschen und einen türkischen. Im Laufe des Hauptstudiums brach er ab, machte Praktika unter anderem im Lindenmuseum, lernte dort bei Professor Kalter die türkische Kultur und Geschichte kennen und organisierte während der türkischen Wochen Vortrage, Treffen und Kochkurse. Er trat einem europäischen Netzwerk türkischer Studenten bei. »Das Motto des Netzwerkes lautet ›Brücken bauen‹! Ich habe einen türkischen Vater, eine deutsche Mutter, da passt dieses Motto gut zu mir.« Deshalb hat er auch zwei Pässe. Er übernahm immer mehr Ehrenämter und ist schließlich beruflich beim Deutsch-Türkischen Forum gelandet, einer bundesweit einzigartigen Einrichtung, weshalb es meiner Meinung nach so unverkennbar zu Stuttgart gehört wie das Bohnenviertel oder der Fernsehturm.

Die schönsten öffentlichen Feste in Stuttgart organisiert Kerim. Der Geschäftsführer des Deutsch-Türkischen Forums ist zu Recht stolz, wenn sich Ende April 20 000 Kinder auf dem Marktplatz treffen, Geschicklichkeitsspiele veranstalten, Tanzgruppen zusehen und kleine Happen aus allen Küchen dieser Welt verschlingen. Die Sonne scheint, die Kinder sind fröhlich. Und man muss nicht mehr weit reisen, um Menschen aus allen Kontinenten zu treffen. Das Kinderfest »23 Nissan« hat Kemal Atatürk, der Gründer der modernen Türkei, ins Leben gerufen. Inzwischen wird es weltweit als Fest der Kinder gefeiert, gefördert von der UNESCO.

Der Sozialarbeiter Gökay Sofuoglu kennt seine Stuttgarter Türken und seine deutschen Stuttgarter. Auf meine Bemerkung: »Hier in Stuttgart ist etwas gelungen«, sagt er: »Ja, hier identifizieren sich, anders als in Berlin, die Türken mit der Stadt, hier gibt es auch nicht nur türkische Läden und Lokale, hier gibt es türkischstämmige Professoren und Rechtsanwältinnen.« Süheyla Ince zum Beispiel hat es sogar zu einer renommierten Adresse auf der Königstraße gebracht. »Diskriminierung ausländischer Mieter ist in Stuttgart kein Thema, weil Integration hier schon seit vielen Jahren gelebt wird,« sagt Friedrich Bullinger, der Direktor des Verbandes baden-württembergischer Wohnungs- und Immobilienunternehmen. Und Angelika Brautmeier, die Geschäftsführerin des Stuttgarter Mietervereins, ergänzt: »Stuttgart ist viel multikultureller als viele Leute glauben. Das ist schön. Und diese Entwicklung ist nicht selbstverständlich gewesen.«

Vor mehr als zehn Jahren haben ein paar Stuttgarter Bürger – unter ihnen Edzard Reuter und Manfred Rommel – das Deutsch-Türkische Forum gegründet. Die Robert Bosch Stiftung hat große Starthilfe geleistet und tut es noch. Sie hatte erkannt, dass es nicht nur notwendig ist, nach außen Völkerverständigung zu betreiben, sondern auch hier im eigenen Land, in der eigenen Stadt. Das Forum ist heute bundesweit einzigartig. Natürlich fördert man Schüler und Studenten, es gibt ein vorbildliches Stipendien- und Mentorenprogramm: »Agabey-Abla« – großer Bruder, große Schwester. Da wird türkischen Schülern ein älterer Begleiter zur Seite gestellt, dem sie vertrauen können. Es ist auch ein Ziel des Forums, zu zeigen, dass man Türken nicht nur mit Döner und Gemüseläden verbindet, sondern dass die türkische Kultur eine spannende Herausforderung für alle ist, die sich darauf einlassen.

Das Forum veranstaltet unter anderem Deutsch-Türkische Kabarett-Abende – einmal auf Deutsch, dann anderntags in türkischer Sprache. Sie sind jedes Mal überlaufen. Es gibt Filmtage und Literaturlesungen im Literaturhaus.

Die Stuttgarter Schriftstellerin und Journalistin Sibylle Thelen hat ein Buch über Istanbul veröffentlicht. Sie sagt: »Wenn man sich für einen Moment vorstellt, es gäbe dieses Deutsch-Türkische Forum nicht, dann würde unserer Stadt ein Forum fehlen, das alteingesessene und eingewanderte Bürger zusammenführt, ja vereint im gemeinsamen Interesse, in der Begeisterung für Literatur, Musik, Film, Kunst, für die schönen Dinge des Lebens.« So ist es. Integration – so mühsam sie uns immer erscheint – ist auch eine Bereicherung. ■

Viele Türken haben in Stuttgart ihre Heimat gefunden.

Das Waldheim Heslach

Gegenüberliegende Seite: Ein Bier und ein frischer Salat – Köstlichkeiten im Waldheim Heslach

Das Waldheim Heslach ist ein kleines Paradies. Hier sind ganze Generationen Stuttgarter Kinder aufgewachsen. Schließlich kann kaum jemand während der ganzen Sommerferien verreisen. Da bieten sich Stuttgarts Waldheime als eine schöne Alternative an. 31 gibt es davon in Stuttgart und viele sind schon im März für die Zeit der großen Ferien ausgebucht. Viele der freiwilligen Helfer und Betreuer haben ihre Kindheit und Jugend selbst in einem Waldheim erlebt. »Hier gibt es jeden Tag Abwechslung und man darf die Leiter ärgern, die flippen nicht gleich aus«, sagt der sechsjährige Max.

Aber die Waldheime besuchen nicht nur die Kinder in den Ferien. Ins traditionsreiche Waldheim Heslach kommen natürlich das ganze Jahr über Mütter und Väter mit ihrem Nachwuchs zu dem schönen burgartig gestalteten Kinderspielplatz, wo die Kleinen herumtoben können und die Eltern zur gleichen Zeit an den Tischen nebenan zusehen und miteinander reden können. Wer will, findet hier auch ein ruhiges Plätzchen, wo er ausspannen, träumen oder sich mit Freunden in Ruhe unterhalten kann. Deshalb kommen ganz selbstverständlich auch Professoren der nahe gelegenen Universität hierher und Studenten, die mal ein paar Stunden aus dem Unibetrieb aussteigen wollen.

An einem frühherbstlichen, spätsommerlichen Tag sitze ich mit Roland Droese auf den blauen Stühlen an einem ebenso blauen Tisch im Waldheim. Wir sind umgeben von Kastanien- und Apfelbäumen, die Gäste grüßen den Wirt, und Roland Droese grüßt zurück. Man kennt sich, wer hier einmal war, wird nicht selten zum Stammgast. Das Waldheim Heslach gilt als einer von Stuttgarts schönsten Biergärten – auch wenn der Bierkonsum inzwischen stark zurückgegangen ist und sich andere Getränke mehr und mehr durchsetzen. Das ist ja auch nicht die schlechteste Entwicklung! Das Essen ist gut und es ist reichlich, es gibt selbstverständlich eine Kinderkarte mit »Backfisch Käpt'n Blaubär«, paniertem Schnitzel mit Pommes oder Maultaschen, einer Spezialität von Roland Droese. Auch Zwiebelrostbraten bietet die Karte – alles zu sehr zivilen Preisen. Und natürlich gibt es Kaffee und Kuchen.

Rote Ziffern auf elektronischen Anzeigegeräten informieren auf dem ganzen Gelände den Gast darüber, ob er sein Essen an der Ausgabe abholen kann, so dass das Gedränge möglichst klein bleibt. Gleichwohl: »Der Ansturm ist unberechenbar«, sagt der Wirt. »Heute wurde der Tag als letzter schöner Sommertag angekündigt, morgen soll das Wetter kippen, die Folge: Wir wurden heute Mittag regelrecht überrannt. Dann musst du 200 Essen in einer Dreiviertelstunde auf die Beine stellen. Aber wir sind hier gut organisiert.«

Stolz hängt im Gastraum eine Urkunde: »Seminar mit Harald Wohlfahrt« im Jahr 2009. Welcher andere Wirt bildet sich so anspruchsvoll bei dem berühmten Sternekoch weiter? »Dietz-Werner Steck, der Kommissar Bienzle aus dem Tatort, war schon hier, und der Krimi-Autor Felix Huby, der hat sich meine Maultaschen noch lange nach Berlin schicken lassen.« Droese macht seine Maultaschen selbst, sie sind begehrt, inzwischen liefert er an renommierte Stuttgarter Gaststätten diese schwäbische Spezialität. Sie gehen so gut, dass er inzwischen in Vaihingen einen Laden aufgemacht hat, wo sein Partner »Rolands Maultaschen« mit großem Erfolg verkauft, nach den wechselnden Rezepten von Droese. Denn der Wirt hat ein Problem: »Wir sind hier extrem vom Wetter abhängig. Bei schlechtem Wetter kommen die Leute nicht, wenn die Sonne scheint, werden wir überrannt. Und viele

WH
Heslach

Wer hier nicht ruhig wird, der wird es nimmermehr.

Menschen haben nicht wahrgenommen, dass wir das ganze Jahr über offen haben. Wir gelten als Sommerlokal.« Deshalb hat Droese, der seit 13 Jahren das Waldheim führt, auch einen Partyservice eingerichtet. Auch Droese sagt wie alle anderen erfolgreichen Wirte: »Es ist ein harter Job. Man muss immer da sein. Man muss sich etwas einfallen lassen, wenn am 1. Mai 1200 Essen gekocht werden müssen, und bei Regen fast nichts. Der Mutter- und der Vatertag sind auch noch traditionelle Waldheim-Besuchstage. Aber es ist mein Leben. Ich hänge an dem Lokal.«

Das Waldheim Heslach gehört nicht der SPD, auch wenn das viele glauben. Es gehört dem Waldheim-Verein, dem jeder beitreten kann. Dennoch ist die Geschichte des ältesten Stuttgarter Waldheims eng mit der Geschichte der SPD verbunden. Alle Kanzler der SPD – Willy Brandt, Helmut Schmidt und Gerhard Schröder – haben das Waldheim Heslach besucht, »das Maultaschenparadies der SPD-Kanzler«. Und zum 100. Geburtstag im Jahr 2008 hat Oberbürgermeister Wolfgang Schuster zu Recht darauf hingewiesen, dass sich vor dem Ersten Weltkrieg Sozialdemokraten mit großem Engagement damals einen Ort geschaffen haben, der den Heslachern ein ungezwungenes und, was nicht unwichtig war, ein erschwingliches Zusammensein ermöglichte.

Auch heute leben in Stuttgart keineswegs nur reiche Menschen, auch wenn man Baden-Württemberg nicht mit Berlin, den ostdeutschen Ländern oder auch mit Nordrhein-Westfalen vergleichen kann. Das ist ja aber das Schöne am Waldheim, dass sich hier wohlbestallte Universitätsprofessoren, Studenten aus aller Welt und auch Harz-IV-Empfänger einfinden. Hier gibt es keine sozialen Schranken – weder nach oben noch nach unten – und das das ganze Jahr über. ■

Die Böblinger Straße, die Hauptstraße im Stadtteil Heslach, ist eine attraktive, multikulturelle Zone, ohne die Stuttgart heute nicht mehr denkbar wäre. Auf dem riesigen Marienplatz, am Erwin-Schoettle-Platz, am Bihlplatz und am Südheimer Platz versammelt sich sonntags und an lauen Sommerabenden gerne internationales Publikum. Vor allem in der warmen Jahreszeit durchweht Heslach deshalb ein Hauch von Süden und der Stadtteil verbreitet eine Atmosphäre, die sich sonst nirgends in Stadt findet.

Der Südheimer Platz ist auch der Ort einer echten Stuttgarter Besonderheit. Hier befindet sich die Talstation der historischen Standseilbahn. Mit ihr fahren die Leute, vor allem die älteren, hinauf zum Waldfriedhof. So wie mein Nachbar, der alle zwei

Die einzigartige Seilbahn unterwegs im Grünen

Wochen »seine Frau besucht«. Mit ihr fahren aber auch große und kleine Jungs, Technikbegeisterte und nicht zuletzt Wanderer, die den Blaustrümpflerweg des Albvereins gehen. Er umrundet einmal Heslach und integriert dabei die Seilbahn in die Wanderung. Es heißt, die Heslacher haben im Jahr 1518/19 den damaligen württembergischen Herzog Ulrich an seine Feinde verraten. Ob das stimmt, sei mal dahingestellt. Jedenfalls bezwang der Herzog im Laufe der Jahre seine Widersacher, kehrte auf den Thron zurück und befahl allen Heslachern zur Strafe, sie müssten sonntags auf dem Weg zur Kirche blaue Strümpfe tragen. Seither heißen die Heslacher auch »Blaustrümpfler« und daher der Name des Wanderwegs.

Die beiden historischen Seilbahn-Wagen, die sich stets auf halbem Weg begegnen, sind heute noch im (modernisierten) Originalzustand von 1929 erhalten. Teakholz verkleidet ihre Außenhaut, in der »Holzklasse« drinnen befinden sich Holzroste auf dem Boden und drei kleine Abteile mit Holzbänken. Emailleschilder warnen den Gast davor, die Tür während der Fahrt zu öffnen. Maximal kann die Bahn in einer Sekunde drei Meter bewältigen, die Strecke ist insgesamt 536 Meter lang und führt durch den ruhigen Hangwald.

Vor einigen Jahren stand die Zukunft der Seilbahn auf der Kippe. Denn neue internationale Vorschriften machten umfangreiche Renovierungen erforderlich. Aber die Stuttgarter Straßenbahnen haben sich Gott sei Dank entschlossen, diese wunderbare Bahn, die wegen ihres Ziels und den Gesprächen in der Bahn auf dem Weg dorthin auch »Erbschleicherexpress« genannt wird, zu erhalten. Die Bahn fährt aber natürlich heute mit modernster elektrischer Technik. Seit 1929 tut sie ihren Dienst.

Oben auf dem Waldfriedhof empfängt eine alte Eichengruppe den Besucher, bevor er den sehenswerten Friedhof betritt. Hier sind sie begraben: Robert Bosch, für mich der größte Stuttgarter, zusammen mit seiner zweiten Frau Margarete; der Stuttgarter Oberbürgermeister Arnulf Klett, der

damals Porsche fuhr – heute für einen OB schier undenkbar. Neben Robert Bosch liegen der erste Bundespräsident Theodor Heuss mit seiner Frau Elly Heuss-Knapp. Der Künstler Oscar Schlemmer liegt hier wie Wolfgang Windgassen, der unver-

In Heslach gibt es noch viele kleine Lebensmittelläden.

gleichliche Tenor. Der Architekt Paul Bonatz ist auf dem Waldfriedhof begraben und die Familie Breuninger hat ihr Familiengrab auf dem Waldfriedhof. Jenseits der Karl-Kloß-Straße, gleich neben dem Waldfriedhof, befindet sich der Dornhaldenfriedhof, auf dem die Terroristen der ersten Stunde Andreas Baader, Gudrun Ensslin und Jan Carl Raspe seit 1977 begraben sind. Manfred Rommel, der frühere Stuttgarter Oberbürgermeister, hat damals mit einer einzigen Rede seinen weltweiten Ruf als

NICK
Sanitäre Anlagen
Blechbearbeitung
Gasheizungen
Kundendienst
DHL
BLACK'N
WHITE
HAIRSTUDI

liberaler, offener Geist begründet. Denn es war umstritten, ob man die Terroristen auf dem Friedhof beisetzen sollte oder nicht. Rommel entschied sich für den Friedhof.

Die Gräber der berühmten Stuttgarter bilden auf dem Waldfriedhof jeweils eine schöne Nische, die von Sträuchern umgeben ist und alle schön zugewachsen sind. Die Sträucher sind Rhododendron-Gewächse, das Merkmal des Waldfriedhofes, und am Grab von Robert und Margarete Bosch blüht eine schöne, üppige Begonie wie auch am Grab von Theodor Heuss und Elly Heuss-Knapp. Ein einziger Stein erinnert an Klett, an Bosch, an Heuss. Zwischen den Gräbern ist ein relativ großer Abstand, es herrscht hier an einem sonnigen sommerlichen Sonntag eine geradezu himmlische Ruhe, denn der Waldfriedhof heißt nicht nur so, er ist auch ein Wald mit Fichten, Eichen und anderen Laubgewächsen. Während der Hoppenlaufriedhof in der City den eiligen Angestellten in der Mittagspause als kleines Naherholungszentrum gilt, ist diese Begräbnisstätte ein Ort der Stille und der Andacht. Das Zwitschern der Vögel gehört zur friedlichen Atmosphäre auf diesem Friedhof.

Auf der der City zugewandten Seite des Stadtquartiers liegt der große Marienplatz, »das Tor nach Heslach«: Der Teil der Böblinger Straße, die von hier stadtauswärts führt, ist geprägt von alten Bürgerhäusern aus der Jahrhundertwende vom 19. zum 20. Jahrhundert. Hier hat die Straße einen ganz anderen Charakter als im Abschnitt zwischen Erwin-Schoettle- und Bihl-Platz. Im Schatten der Kastanien treffen sich am Marienplatz auf der Terrasse des Café Kaiserbau junge Eltern und plaudern über ihre Erfahrungen mit den lieben Kleinen, die währenddessen unbesorgt auf dem Platz herumtoben können. Denn auf dem Platz fahren natürlich keine Autos, dafür startet hier aber die Zacke, Stuttgarts Zahnrad-Straßenbahn, die Fußgänger und Fahrradfahrer den steilen Weg hinauf nach Degerloch bringt. Die »Bahn zur schönen Aussicht« ist die einzige Zahnradbahn in Deutschland, die im städtischen Linienverkehr eingesetzt wird – für die Anwohner ein regelmäßig benutztes Transportmittel, für alle anderen ein kleines technisches Wunderwerk wie die Seilbahn am anderen Ende von Heslach. Während die Seilbahn mitten in der Wirtschaftskrise 1929 eröffnet wurde, gibt es die Zahnradbahn schon über 125 Jahre. Sie fährt zum Teil auf der Alten Weinsteige – eine der schönsten Stuttgarter Straßen – mit ihren herrlichen Villen aus der Gründerzeit eine 2,2 Kilometer lange Strecke, dabei fährt sie mit maximal 30 Stundenkilometern und überwindet eine Steigung von bis zu knapp 18 Prozent. Gärten, hoch bewachsene Büsche mit ihren uneinsehbaren Grundstücken säumen den Weg. Dazwischen supermoderne Villen und an der Haltestelle Wielandshöhe der einmalige Blick über die ganze Stadt hinüber auf den Killesberg und das schöne Restaurant von Vincent Klink, das natürlich auch »Wielandshöhe« heißt. Der Sternekoch kann im Übrigen genauso gut schreiben wie kochen, seine Kindheitserinnerungen, die er unter dem Titel »Sitting Küchenbull« veröffentlicht hat, sind sehr lesenswert. Und dass sich der Besuch seines Restaurants lohnt, muss nicht eigens betont werden.

Die Bahn nimmt nur auf dem Weg nach oben Fahrräder mit. Wir durchqueren hier auch den kleinen »Santiago de Chile-Platz«, den der Architekt und langjährige chilenische Honorarkonsul Georg Kieferle angeregt hat. Kieferle und seine Tochter bauen in aller Welt, in den arabischen Staaten, in Mexiko, in Lateinamerika. Er hat auch die halbe Königstraße mitgestaltet. Dennoch gehört er nicht zu den Stuttgarter Berühmtheiten, aber Zweckbauten müssen auch sein! Auf dem Weg zur Endstation auf dem Albplatz überquert man in der Zacke noch die Neue Weinsteige, die man als Autofahrer nicht so genießen kann, weil man auf den Verkehr und die Straße achten muss. In der Zacke dagegen kann man sich an Stuttgart, seinem Tal und seinen Höhen nicht sattsehen. Es gibt in Europa kaum schönere Anblicke. ■

In Heslach leben ursprüngliche Einheimische und zugewanderte Einheimische einträchtig nebeneinander in den alten Häusern.

Die Kochenbas

Man kann sich heute kaum mehr vorstellen, dass die Alte und die Neue Weinsteige mitten durch Weinberge führten. So war es auch im Heusteigviertel. Als die Gaststätte Kochenbas vor rund 180 Jahren gegründet worden ist, da stand sie allein inmitten der Weinberge, heute liegt sie an der vielbefahrenen Immenhoferstraße mitten im Heusteigviertel mit seinen Gründerzeit-Häusern und jungen Bewohnern. Das enge Haus steht heute selbstverständlich unter Denkmalschutz. Parkplätze gibt es kaum, dennoch ist das urschwäbische Lokal fast immer voll. Wenn man Plätze bei der Familie Reimann reserviert, bekommt man nicht unbedingt einen Tisch für sich, oft sitzt man dann mit anderen Gästen am Tisch und kommt so ins Gespräch. Da kann es sein, dass der Rudolf und die Inge aus Degerloch mit Michael Beck von den »Fantastischen Vier« an einem Tisch speisen. Es geht gesellig zu in der Kochenbas – ja, es heißt *die* Kochenbas! –, es entwickeln sich Freundschaften – und manchmal sogar eine Liebschaft.

Brigitte Reimann, Tochter der Inhaber und Wirtin, kennt viele solcher schönen Begebenheiten, die sich in der Kochenbas zugetragen haben: »So hat sich ein Paar bei uns kennengelernt, weil wir sie an denselben Tisch gesetzt haben, und ihr Hochzeitsfest feierten sie dann ebenfalls bei uns. So etwas macht uns besonders froh und auch ein bisschen stolz.« Und sie fügt, nicht weniger stolz, hinzu: »Wir machen hier halt ehrliche, schwäbische Küche.« Was Vater Bernhard so ergänzt: »Wir haben hier keine Spätzles-Maschine! Alles wird von Hand geschabt. Wir sind zwar kein Spitzenlokal, diesen Anspruch haben wir nicht, aber wir haben einen sehr guten Kartoffelsalat und sehr beliebte Braten.« Das stimmt, der Lendenbraten ist lecker und zart. Es gibt eine große Auswahl qualitativ hochwertiger Trollinger und Lemberger von Württemberger Weingärtnern, die in den vergangenen Jahren mächtig aufgeholt haben.

Gegenüberliegende Seite: Die Kochenbas – einfach, gut, urschwäbisch

Auch in Stuttgart gibt es immer weniger dieser alt-schwäbischen Lokale in Familienbesitz, und immer erhebt sich die Schicksalsfrage, ob die nächste Generation sich diese Plackerei noch zumuten will oder nicht. Aber weil die Kochenbas in ihrer einfachen Ursprünglichkeit ein einzigartiger Treffpunkt ist, läuft das Lokal prächtig. Besonders gerne erzählt Bernhard Reimann, der Mann im Hintergrund, der sich um alles kümmert und immer ansprechbar ist, der »Ausputzer«, der zur Stelle ist, wenn Schwierigkeiten auftauchen, wenn schnell frische Ware besorgt werden muss, vom Besuch Gerhard Schröders in der Kochenbas. »Der Bundeskanzler wollte im Wahlkampf 2005 nach einem Auftritt in Stuttgart einmal richtig schwäbisch essen. Und da ist er an einem Supersommertag mit seiner Doris zu uns gekommen. Stellen Sie sich vor, der Kanzler der Bundesrepublik Deutschland bei uns in der Kochenbas. Natürlich waren wir ganz aufgeregt. Aber es hat ihm gut gefallen und beiden gut geschmeckt, der Braten mit Spätzle. Wahrscheinlich kommt der nächste Kanzler in 500 Jahren zu uns.«

Mutter Gisela schmeckt in der Küche die herrlichen, selbstgemachten Soßen ab, die so gut zu den handgeschabten Spätzle passen. Und sie richtet den Kartoffelsalat an, eine Qualitätsprüfung für jeden richtigen Stuttgarter. Sie ist die Seele, das Herz der Gaststätte.

Die Kochenbas hat übrigens ein einzigartiges Privileg bis auf den heutigen Tag. Das Lokal kann nämlich auf eine Order von König Wilhelm II. zurückgreifen. Demnach war der König seinerzeit immer in die Kochenbas gekommen, vom Wilhelmspalais, seinem Wohnsitz aus, und hat hier sein Viertele getrunken. Deshalb hat er eines Tages verfügt, dass die Kochenbas keine Sperrstunde einzu-

DINKEL
33

Da es in der Kochenbas eng zugeht, lernt man sich schnell kennen.

halten braucht. Der Ukas gilt im Prinzip bis heute, aber die Reimanns wollen auch einmal schlafen und schließen deshalb um 23.30 Uhr. »Schließlich ist es sehr viel Arbeit, wenn man wie wir alles selbst macht«, sagte Gisela Reimann.

14 Leute sind im Lokal beschäftigt. »Im Winter sind die Tische oft zwei bis dreimal besetzt. Und lange hat es das berühmte Rentnerviertele für die alten Menschen aus dem Heusteigviertel gegeben, die sich nachmittags hier einfanden.« Die Reimanns haben das Lokal vor 17 Jahren von Frau Rettenmaier übernommen, die noch mit 80 Jahren aktiv die »Nierlessoße« selbst gemacht und abgeschmeckt hat, eine Legende des Heusteigviertels. Rund vierzig Gäste haben in dem kleinen Schankraum mitsamt einem Nebenzimmer bequem Platz. »Aber es waren auch schon 64 auf einen Schlag da.« Das Licht ist matt, die Tische und Stühle einfach, man könnte sich wie in einer alten Dorf-Gaststätte vorkommen. Aber solche Gasthäuser gibt es kaum mehr in den schwäbischen Dörfern – in Stuttgart aber gibt es eins. ■

Wer Gäste, die Stuttgart nicht kennen, verblüffen will, führt sie durch das Grüne U. Acht Kilometer kann man von den Höhen des Killesberg über den Rosensteinpark und den Schloßgarten hinunter in die Stadt zum Neuen und zum Alten Schloss wandern, mit dem Rad fahren oder joggen oder skaten, ohne die grüne Zone zu verlassen. Über die großen Verkehrsschneisen, die das Grüne U in seine einzelnen Parkteile aufteilt, führen filigrane Brücken den Wanderer.

Der Höhenpark Killesberg wird bald wieder so schön sein wie früher. Schon jetzt ist er mit fünfzig Hektar ein sehr großzügig angelegter und sorgfältig

Der Schloßgarten – wie geschaffen für Liebespaare

gepflegter Park, aber durch die Verlegung der Messe Stuttgart vom Killesberg auf die Fildern und den Abriss der alten Hallen bekommt die Anlage zusätzlich wieder zehn Hektar zurück, denn die Messehallen hatten sich immer tiefer in das Grün hineingegraben und den ganzen Killesberg seiner ursprünglichen Schönheit zunehmend beraubt. Das Grüne U ist dann endgültig vollendet und reicht dann vom Schloßplatz bis zur Feuerbacher Heide.

Gleichgültig aber, wie man sich entscheidet, ob man von der City aus in die Höhe wandert oder vom Killesberg in die Stadt, der Höhepunkt des Rundgangs bleibt der Aussichtsturm im Höhenpark, nach seinem Erbauer auch Schlaich-Turm genannt. Es gibt wenige Türme, die so schön, so leicht daherkommen, als schwebten sie in der Luft. Schlaich baut auf der ganzen Welt Brücken, aber hier oben hat er sich mit dem Turmbau seinen Namen für immer verewigt. Jörg Schlaich machte für die Internationale Gartenbauausstellung (IGA) 1993 den Vorschlag eines Seilnetzturms, welcher dann auch umgesetzt wurde. Vorbild dafür war das statische Prinzip der Seilnetzkühltürme von Kraftwerken. Dennoch fand die IGA ohne den Turm statt, denn der Stadt war das Geld ausgegangen, weshalb sich der Verschönerungsverein Stuttgart in die Bresche warf und viele Spenden sammelte. Mit so genannten »Turmpatenschaften« konnte der Verein Stuttgarter Bürger und Unternehmer für das Projekt gewinnen. Schließlich gab die Stadt ihre Zustimmung zu dem Bau und 2001 konnte der 42 Meter hohe Turm eingeweiht werden. Beim Turm ist eine Tafel angebracht: »Wir Ingenieure wären glücklich, wenn dieser filigrane Turm zeigen könnte, dass eine intelligente, moderne Bautechnik mit Mensch, Natur und Garten im Einklang stehen kann.«

Aber zurück zum Grünen U: Fragt man die Besucher des kleinen Paradieses auf dem Killesberg, eine Insel der Seligen mit seinen Pflanzen, seinem Eisenbähnle »Tazzelwurm«, seinen seltenen Bäumen, seinen Lokalen, seinen Gewässern, so ist man doch erstaunt, dass viele den Begriff

Der filigrane Aussichtsturm im Höhenpark Killesberg

»Grünes U« gar nicht kennen. Viele Familien begnügen sich mit dem Besuch des Höhenparks und ahnen nichts von den Möglichkeiten, im Grünen in die City zu gelangen. Eine Frau antwortet auf meine Frage, wo es denn hier zu Fuß in die Stadt gehe mit der fragenden Feststellung: »Sie sind aber kein Schwabe, also auch kein Stuttgarter!« Sie schließt das aus meinem Hochdeutsch. Diese Antwort hat mich denn doch verblüfft, denn ich lebe seit Mitte der fünfziger Jahre des vorigen Jahrhunderts ununterbrochen in Stuttgart. Was sollen denn da die ganzen Zugewanderten, die Menschen mit so genanntem Migrationshintergrund sagen? Die kleine Frauengruppe berät sich untereinander, wie sie mir weiterhelfen könnte, bis eine junge Frau endlich den Weg weiß: »Sie müssen rechts an der Disko Perkins Park vorbei, da kommen Sie auf den Cardiffer Steg, und von dort können Sie den Weg gar nicht mehr verfehlen, ob Sie nun ein echter Einheimischer sind oder nicht!« Und tatsächlich, der Ratschlag erweist sich als richtig. Auf dem Cardiffer Steg – alle Wege und Stege sind nach den Partnerstädten Stuttgarts benannt – ist schon das Bülow-Haus mit seinem Segel an der Heilbronner Straße zu sehen. Es bildet eine nicht zu übersehende Landmarke. Durch Apfelwiesen wird der Wanderer den Berg hinuntergeleitet. Es sind unter der Woche nicht viele Menschen unterwegs, nur an der großen Wasserspielanlage für Kinder und am Egelsee am Wartberg herrscht im Hochsommer munteres Treiben. Wer Freude am Leben, an Kindern hat, kann hier das Toben, Herumtollen beobachten, das Quietschen vergnügter junger Menschen, die mitten in der Stadt von keinem Autoverkehr gefährdet sind.

An einer Stelle ist ein verrostetes Kunstwerk mit undefinierbaren Formen, darauf ein Rätselspruch des Stuttgarter Schriftstellers Rainer Wochele eingraviert:

Nehmen müssen wir
Wir müssen nehmen
Wir müssen doch nehmen
was der Markt gibt
alles andere
wäre wider die Natur
wächst doch auch
ständig

Neben dem Brünner Weg, der hinüber zum Rosensteinpark führt, fahren in nächster Nähe ICE-Züge vorbei, sie sind erstaunlich leise. Hier findet sich auch eine ganze Anzahl interessant gestalteter Häuser von Architekten aus ganz Europa. Auf jedem Haus finden sich Erklärungen der Konstrukteure, zum Beispiel ging es den schwedischen Architekten Bengt Warne und Jo Glässel aus Stockholm darum, ein Haus zu errichten, in dem sich 13 Wohnungen rund um ein zentrales Atrium gruppieren, das als klimatische Pufferzone, als erweitertes Wohnzimmer dient und dabei Licht, Luft, Wasser und solare Wärme als Teil der Wohnwelt erleben lässt.

Es geht vorbei am Museum für Naturkunde im Rosensteinpark und dem großen Kinderspielplatz. Zwischen dem Naturkundemuseum am Löwentor und dem Museum in Schloss Rosenstein ist der weitaus ruhigste Teil des Grünen U. Hier sind die Wiesen bewirtschaftet, sie dienen der Wilhelma, dem Stuttgarter Zoo, als Futternachschub. Als Fußgänger wird man nur ab und zu von einem Fahrradfahrer überholt, man ist freundlich zueinander. Wunderbare alte Baumgruppen – Eichen, Linden, Buchen – stehen am Wegesrand auf den Wiesen, eine göttliche Insel der Ruhe.

Das Schloss Rosenstein, einst von dem Architekten Giovanni Salucci für König Wilhelm I. 1824 bis 1829 erbaut, ist heute ein naturkundliches Museum mit einer außergewöhnlich schönen Säulenhalle. Sie allein lohnt schon den Besuch. Und vom Schloss aus sind schon die sprudelnden Quellen beim Mineralbad Leuze und dem Berger Mineralbad zu sehen. Bald erscheint das Hochhaus des SWR und das Grüne U wird schmaler, auf der einen Seite von den Eisenbahngleisen eingegrenzt, auf der anderen von der mächtigen Verkehrsader B 14. Der Lärm wird von Betonmauern gut abgehalten, sie sind im Sommer so zugewachsen, dass man kaum etwas hört.

Je weiter man in die City hineinkommt, desto mehr Menschen sind anzutreffen. Im unteren Schloßgarten überwiegen noch die schönen Platanen, die Wasseranlagen und Trauerweiden. Im Mittleren Schloßgarten dominieren große Wiesen, auf denen Liebespaare, genauso wie alte Paare liegen, türkische Familien grillen, es wird Schach gespielt und natürlich Boule.

Enten dösen am Wasser vor sich hin. Rosen blühen, ein junger Mann geht barfuß durch die Wiesen, berittene Polizeibeamte beobachten das friedliche Geschehen. Auf dem Ferdinand-Leitner-Steg, benannt nach dem früheren Generalmusikdirektor, betritt man mit dem Oberen Schloßgarten schließlich die Innenstadt, links das »Katzenstift«, das Gymnasium Königin-Katharinen-Stift, und das Kleine Haus und die Oper, rechts das Schloßgartenhotel mit seiner wunderbaren Zirbelstube und dem Sternekoch Bernhard Diers.

Hier, am Eckensee, tummeln sich die Menschen. Es ist vorbei mit der Stille. Wir sind in der Großstadt angekommen, und vor dem Neuen Schloss ist die Wiese voller dösender, schlafender, knutschender, lesender alter und junger Menschen. Fast verborgen ist die Plastik »Die Nacht« von Aristide Maillol, eine junge Frau, in sich gekehrt, mit den Armen auf den Beinen, den Kopf nach unten gesenkt. ■

Robert Bosch – Bosch-Areal – Robert Bosch Konzern – Robert Bosch Stiftung. Gäbe es die Robert Bosch Stiftung nicht, müsste man sie augenblicklich erfinden. Die Stiftung ist zwar weltweit bekannt und genießt höchstes Ansehen, aber hierzulande ist sie eine weithin unbekannte Stuttgarter Perle. Das hat seinen Grund und ist auch Absicht. Denn Kurt Liedtke, der Vorsitzende des Kuratoriums der Stiftung, mahnt bei seinen mehr als 100 Mitarbeitern Bescheidenheit an: »Ja nicht auftrumpfen oder abheben!« Und er verweist darauf, dass die Stiftung jedes Jahr sehr viel Geld verteilt. Je mehr der Bosch-Konzern verdient, desto mehr erhält die Stiftung. Derzeit sind es rund 80 Millionen Euro jährlich, die für die Bereiche Völkerverständigung, Bildung und Gesundheit ausgegeben werden. »Wir sind nach der VW-Stiftung die zweitgrößte deutsche Stiftung. Wir halten uns mehr zurück, als es unserer Bedeutung entspricht.«

Die Stiftung braucht einen solchen welterfahrenen und weltoffenen Mann an ihrer Spitze, schließlich ist die Völkerverständigung einer ihrer großen Schwerpunkte. Für Joachim Rogall, der den Bereich Osteuropa, Russland und inzwischen auch China leitet, ist kein anderer Arbeitsplatz als in der Stiftung mit ihrem weltweiten Engagement vorstellbar. Er hat den regelmäßigen Austausch zwischen deutschen und chinesischen Journalisten organisiert. Denn das Wissen in beiden Ländern über das andere Volk ist weithin von alten Klischees bestimmt. Dabei ist China für Deutschland der größte Markt und der größte Konkurrent zugleich. Wie sagte doch Robert Bosch: »Bildung hebt ein Volk und macht es nicht nur geeignet, sich wirtschaftlich zu behaupten, sondern gibt ihm auch die Möglichkeit, politisch richtig zu handeln und Irrlehren als solche zu erkennen. Ziel der Bildung ist die Erreichung einer Bildung des Herzens, einer Anerkennung des Rechtes und des Wertes anderer.« Da ist also noch viel zu tun!

Die Stiftung arbeitet in der Villa Robert Boschs in der Heidehofstraße, einem sorgfältig renovierten Gebäude aus der Zeit vor dem Ersten Weltkrieg. Die meisten Möbel sind nach dem Krieg verschwunden, die Franzosen hatten es sich hier eingerichtet, aber wer heute das Esszimmer der Familie Bosch betritt, hat trotzdem einen wunderbaren Raum mit original Jugenstilmöbeln vor sich. In der Villa und im neugebauten Haus Heidehof mit seiner atemberaubenden Architektur und seinem ebenso atemberaubenden Blick auf das Neckartal waren Helmut Schmidt, Richard von Weizsäcker und Henry Kissinger nur einige der herausragenden Gäste. Und wenn sich Kurt Liedtke das Mittagessen holt, geht er in den von Robert Bosch selbst angelegten Apfelgarten und pflückt sich ungespritzte Boskop-Äpfel, die es sonst kaum mehr gibt.

Die Stiftung ist unabhängig vom Konzern, sie ist gemeinnützig, aber natürlich bleibt man miteinander im Gespräch. Liedtke hat 33 Jahre lang bei Bosch gearbeitet und er war 25 Jahre lang im Ausland tätig. Da ist er natürlich Franz Fehrenbach, dem Chef des Konzerns, immer wieder begegnet. Die Firma Bosch hat einen hohen ethischen Anspruch. Skandale und Schmiergeldzahlungen sind unvorstellbar in diesem Konzern. Das geht direkt auf den Gründer Robert Bosch zurück, der einmal gesagt hat, dass eine anständige Art Geschäfte zu führen, auch zu mehr Erfolg führe. Daran halten sich alle Bosch-Mitarbeiter. Und wenn es Länder gibt, in denen Schmiergeldzahlungen üblich sind, wird man schnell feststellen, dass dort der Name Bosch kaum vertreten ist.

Robert Bosch ist für mich der größte Mann, der mit der Stadt Stuttgart verbunden ist. Natürlich will niemand Gottlieb Daimler kleinreden, den Er-

Gegenüberliegende Seite: Die Villa von Robert Bosch und ihr wunderbarer Park muten sehr italienisch an.

finder des Autos, auch er eine Jahrhundertgestalt. Aber Bosch war mehr als Erfinder, er hat als Erster den Acht-Stunden-Tag eingeführt, er hat sich engagiert in der Gesellschaft, er trat früh für die deutsch-französische Aussöhnung ein, er war ein Gegner des Hitlerregimes.

1910 leitete Robert Bosch mit der Schenkung von einer Million Mark an die Technische Hochschule Stuttgart »sein schier unvergleichliches Mäzenatentum ein«. So schreibt es Theodor Heuss, der spätere erste Bundespräsident der Bundesrepublik Deutschland 1946 in seiner Biographie »Robert Bosch – Leben und Leistung«. »Meine Absicht geht dahin, neben der Linderung von allerhand Not vor allem auf die Hebung der sittlichen, gesundheitlichen und geistigen Kräfte des Volkes hinzuwirken«, schrieb Robert Bosch 1935, wenige Jahre vor seinem Tod im Jahr 1942. Die Erben handelten ihrerseits im Geiste des Stifters, indem sie den weitaus größten Teil des Erlöses des Unternehmens für eigene gemeinnützige Stiftungen einsetzten. Robert Bosch hatte in seinen Richtlinien Beispiele für die Verwirklichung seiner gemeinnützigen Absichten genannt: »Gesundheit, Erziehung, Bildung, Förderung Begabter, Völkerversöhnung und dergleichen.« Die Robert Bosch Stiftung folgt diesen Gedanken und nennt auch die öffentliche Gesundheitspflege als eine zentrale Aufgabe. Weitere Schwerpunkte der Stiftung sind: Völkerverständigung, Wohlfahrtspflege, Bildung und Erziehung, Kunst und Kultur, Geistes-, Sozial- und Naturwissenschaften in Forschung und Lehre.

Im Robert-Bosch-Zimmer, dem Arbeitsplatz des Firmengründers, sitzt Florian Höllerer an einem großen runden Tisch. Ein Porträt von Robert Bosch blickt auf ihn hinunter. »Gottvater« H. L. Merkle hat später hier jahrzehntelang als Chef des Konzerns residiert. Florian Höllerer ist seit zehn Jahren mit Leib und Seele Geschäftsführer des Literaturhauses im Bosch-Areal im Stuttgarter Westen. Sein Ruf geht weit über Deutschland hinaus. Jüngst hat er die Festrede zur Einweihung des Literaturhauses in Oslo halten dürfen, denn die Institution »Literaturhaus« ist ein deutscher Exportschlager. »Wir gehen in die Schulen, in die Hauptschulen, in die Gymnasien, in die Realschulen, wir arbeiten mit den Lehrern zusammen. Die Frage ist doch: Wie kann man Schreiben zum Teil des Deutsch-Unterrichts machen. Schließlich wird an den Schulen auch Malen geübt. So sind wir zu einem Kompetenzzentrum für Lehrer geworden.« Das Projekt wird von der Robert Bosch Stiftung unterstützt, für Höllerer »die tollste Stiftung in Deutschland«.

Ursprünglich reichte der benachbarte Hoppenlaufriedhof bis zur Liederhalle. Und so glaubt Höllerer, dass der große Verleger Cotta, der auf dem Hoppenlaufriedhof beigesetzt wurde, unter dem Literaturhaus begraben ist und sein Geist noch

Ein Bild von Robert Bosch in der Villa erinnert an den Firmengründer und Menschenfreund.

Gegenüberliegende Seite: Das Interieur der Villa – Robert Bosch hatte Stil und Geschmack.

Im Bosch-Areal – eine kleine Welt für sich in der Stadt

immer heutige Schriftsteller und Literaten befeuert. Und wohl auch die Tatkraft der Literaturhaus-Macher selbst: So hat das Literaturhaus beispielsweise viel zum Ruhm des Nobelpreisträgers Orhan Pamuk beigetragen. Man hatte den türkischen Schriftsteller schon eingeladen, als er noch nicht sonderlich bekannt war. »Die Menschen wollen die Autoren sehen«, sagt Höllerer. Wenn Pamuk heute kommt, kommen mehr als 1800 Leute in die Liederhalle und wollen ihn hören.

Auch die Stuttgarter Autorin Anna Katharina Hahn war bei ihrem ersten Auftritt der absolute Überraschungserfolg. Die Säle waren überfüllt, obwohl damals ihr Buch »Kürzere Tage«, ein glänzender Roman über das Leben in der schwäbischen Stadt, noch gar nicht erschienen war. Höllerer schwärmt geradezu von dem großen Lesepublikum in Stuttgart. Und: Es kommen auch viele junge Menschen. »Popularität und Anspruch sind hier in Stuttgart keine Gegensätze.« Der aus Wien zugewanderte Geschichtenerzähler und Kriminalschriftsteller Heinrich Steinfest hat natürlich alle seine Bücher hier im Literaturhaus vorgestellt. Er muss freilich wie sein Kollege Wolfgang Schorlau, auch er ein sehr guter Stuttgarter Krimiautor mit hohen Ansprüchen, in die Liederhalle ausweichen, wenn er ein neues Werk vorstellen will. »Literatur muss keine Angst vor der Zukunft und dem E-Book haben«, meint Höllerer und verweist noch einmal auf das junge, lesebegierige Publikum in Stuttgart.

Im Jahr 1886 gründete hier im Stuttgarter Westen Robert Bosch die Keimzelle des Weltunternehmens, eine Werkstätte für Feinmechanik und Elektrotechnik. Heute bildet das weit verzweigte Bosch-Areal nahe der Liederhalle eine kleine lebendige Stadt in der Stadt. Ihren Charakter haben die Gebäude seit Boschs Zeiten beibehalten, heute befinden sich hier jedoch viele verschiedene Unternehmen, zum großen Teil aus der Medienbranche. Obgleich das Areal im Zweiten Weltkrieg stark zerstört wurde, weist es immer noch bemerkenswerte Bauwerke auf, wie die Fabrikgebäude, die Anfang des 20. Jahrhunderts aus modernem Eisenbeton-Traggerüsten und Sichtbeton entstanden. Als Anfang der 90er-Jahre die Behörden hier auszogen, verfiel das Gelände recht schnell, und das Land als Eigentümer favorisierte einen Abriss. Doch eine Bürgerinitiative konnte dies verhindern und so ein Stück Stuttgarter Geschichte bewahren. Die »Stadt in der Stadt« mit ihren verwinkelten Gassen und Plätzen blieb bestehen.

Heute hat sich das Areal entlang der Breitscheidstraße zu einem Zentrum für neue Medien, Kunst, Kultur und Entertainment entwickelt. ■

Schon der Gang vom Parkhaus zum Mineralbad ist morgens wunderschön. Der Blick geht um halb acht Uhr direkt auf die aufgehende Sonne, die geradewegs über dem Württemberg mit seiner Grabkapelle auftaucht. Das Leuze liegt direkt am Neckar, in der Nähe der Wilhelma. Das Wasser kommt aus den Stuttgarter Mineralquellen. Kaum jemand außerhalb Stuttgarts weiß, dass die baden-württembergische Landeshauptstadt über die größten Mineralwasser-Vorkommen in Westeuropa verfügt. Der Künstler Otto Herbert Hajek hat anfangs der 80er-Jahre dem

Am frühen Morgen sind die Leuzeaner unter sich.

Das Wasser des Leuze
ist eines der
schönsten Geschenke
der Natur.

Wer lange genug im kalten Außenbecken geschwommen ist, der darf auch heiß duschen!

Bad sein heutiges Aussehen verpasst: Beton, Blau, Gelb und viel Glas.

Die Sonne lässt sich auch vom Kaltwasserbecken aus beobachten, in dem von sechs Uhr morgens an die echten »Leuzeaner« eisern ihre Bahnen schwimmen. Empfindsame Seelen, die gegen halb acht Uhr auftauchen, sind manchmal deprimiert, wenn die Ersten schon wieder entspannt dem Ausgang zuschlendern. Es ist aber nicht die Bettflucht des Alters, die sie so früh ins Leuze treibt. Es ist ihre Gewohnheit, die sich über Jahrzehnte hinweg gefestigt hat. Baden hält Leib und Seele zusammen, es hält die Menschen frisch und fit für die Herausforderungen des Tages. Das Leuze ist nicht nur ein Schwimmbad, es ist ein echter Treffpunkt: Hier treffen sich über Jahrzehnte alte Freunde oder Kollegen, um sich miteinander auszutauschen. Ist man erst einmal »Leuzeaner«, gehört das Mineralbad zum Leben, es formt und prägt. Es ist eine Lebensform. Niemand verlässt das Leuze so, wie er hineingegangen ist.

Walter Seipel kommt seit 27 Jahren jeden Morgen ins Leuze und trifft sich hier mit den anderen Frühschwimmern. »Wir sind um sechs Uhr im Wasser«, erzählt der ehemalige, langjährige Bosch-Mitarbeiter. »Wir sind die Frühschwimmer, und wir gehen zuerst ins kalte Außenbecken. Da bleiben wir mit Dusch-Unterbrechungen bis gegen 6.45 Uhr und verschwinden dann in die wärmeren Innenbecken. Gegen 7.15 Uhr verlassen wir das

Leuze wieder und beginnen den Tag. Wir sind als Erste im Wasser und haben deshalb noch die beste Wasserqualität.« Auf die Frage, ob er sich ein Leben ohne das Leuze vorstellen kann, sagt Walter Seipel: »Nein, auf keinen Fall, das wäre sehr schmerzhaft, wenn ich das nicht mehr könnte.« Und genauso wichtig wie das Schwimmen ist der Leuze-Clan. »Das ist sehr, sehr wichtig. Wir feiern um 6.45 Uhr auf der Empore unsere Geburtstage, ich bin verantwortlich für den »Festtagsrausch« mit Wasser aus dem kalten Innenbecken und für die Brezel-Logistik. Die hole ich um 5.30 Uhr frisch aus einer Bäckerei in Fellbach, die keinerlei Backmischungen verwendet, sondern den Teig ganz und gar selbst herstellt. Das schmecken Sie!« So ist es, wie ich nach einigen Einladungen zu Geburtstagen bestätigen kann. Dann hallt durch das ganze Gebäude ein gemeinsam gesungenes Lied.

Das Leuze ist ein echtes »Familienunternehmen«, wenngleich es natürlich eine städtische Badeanstalt ist. Lidija Tomazic sitzt an der Kasse, und erzählt: »Meine Mutter hat vierzig Jahre lang hier gesessen, und jetzt müssen Sie vierzig Jahre mit mir vorliebnehmen.« Dabei strahlt und lacht sie aus vollem Herzen. Auch ihr Vater war hier lange als Techniker beschäftigt.

Als ich einmal morgens zu Ingeborg, einer älteren Dame, nach ein paar Bahnen im Kaltwasserbecken sage: »Es ist wunderschön!«, da antwortet sie: »Ja, es ist wie sterben und neugeboren werden zugleich!« Dieser Satz trifft den Kern. Das Leuze nimmt alle an und auf: die Jungen und die Schönen, die Reichen und die Armen. Es nimmt die Älteren mit ihren verwelkenden Körpern gnädig und ohne Schmähungen an und pflegt sie. Es kommen Familien, Alleinstehende, Grüppchen und Gruppen. Alle haben ihre eigenen Zeiten. Das Leuze kümmert sich nicht darum, ob jemand hetero oder schwul ist. Spätestens in der Sauna sind alle gleich. Schon unter den Duschen kann man hören, wie sich Wengerter und Handwerker aus der Umgebung gemeinsam mit Ärzten und Anwälten in breitem Schwäbisch ungezwungen über den VfB mit all seinen Hochs und Tiefs austauschen.

Und auch in den Saunen kennt man sich. »Guten Morgen, ich bin die Elke,« sagt eine bodenständige, feine Frau. »Ich habe uns Lavendel als Duft mitgebracht. Ich wünsche Euch viel Spaß und schöne Erholung«, sagt sie, und die Saunaunten- und die Saunaobensitzer antworten ihr im Chor: »Danke schön!« Dann kehrt Stille ein und die Aufgießerin verteilt das Wasser auf die heiße Feuerstelle. Während des Aufgusses lässt sich trefflich meditieren. Man kann sich fallen lassen, nichts mehr denken, während der Raum immer heißer wird. Elke summt ein, zwei Töne vor sich hin, wiegt ihren Oberkörper nach links und nach rechts und fragt beim dritten Aufguss: »Soll ich den Rest noch aufgießen?« Die Gäste unisono: »Ja!« Sie sagt lächelnd, weil sie ihre Leute kennt: »Ihr habt es ja so gewollt!« Und dann wird kurz die Schmerzgrenze überschritten, so dass man nur zu gerne unter die Schwallbrause und ins Eisbecken stürzt. So bleiben Herz, Geist, Körper und Seele jung und halten den schwäbischen Erfindergeist am Leben. Denn ohne das Leuze, da bin ich sicher, würden viele früher alt werden, ja sterben.

Die Tradition des lebenslangen Leuze-Besuchs wird übrigens innerhalb der Familien vererbt. Denn die Omas und Opas führen ihre Enkel und Enkelinnen von klein an hierher, zuerst ins Kinderland, dann ins runde Ruhebecken mit seinen 34 Grad, in denen sich gerne alte Knochen aufwärmen. Immer mal wieder kommt dann eine Servicekraft und verweist eine Oma oder eine junge Mutter darauf, dass die Kinder erst ab drei Jahren in dieses Becken dürfen, denn das Wasser sei »zu anstrengend« für die kleinen Menschen. Ob es stimmt? Oder soll den Alten die Möglichkeit gegeben werden, in Ruhe zu dösen? Jedenfalls führen später dieselben Kinder ihre ersten Freunde, dann ihre ersten Liebschaften ins Leuze. Und sehr viel später bringen sie wieder ihre Kinder mit. Das kann kein Spaßbad. Das Leuze gehört zum Leben vieler Stuttgarter Familien wie die Luft zum Atmen. ■

Die ganze Wahrheit der vielleicht berühmtesten schwäbischen Liebesgeschichte werden wir nicht mehr erfahren. Der König hat alle Schriftstücke, die ihn zu seinem Entschluss führten, verbrennen lassen. An der Ostseite der Grabkapelle auf dem Württemberg steht jedenfalls die Widmung des Königs an seine geliebte, so jung und überraschend verstorbene Frau: »Seiner Vollendeten / Ewig Geliebten Gemahlin / Catharina Paulowna / Grosfürstin von Russland / hat / Diese Ruhestätte Erbaut / Wilhelm / König von Württemberg / im Jahr 1824.«

Um das ganze Ausmaß des Schmerzes von König Wilhelm I. zu begreifen, muss man sich ins Gedächtnis zurückrufen, dass hier einst die Stammburg des Hauses Württemberg stand. Wilhelm ließ dieses Gebäude, besser gesagt das, was davon übrig war, abreißen, um seiner Frau ein Denkmal zu setzen. Heute erinnert nur noch ein einziger Stein an die Burg. Darin heißt es in lateinischer Sprache: »Im Jahre der Menschwerdung des Herrn 1083 in der 6. Indiktion, am 7. Februar, wurde diese Kapelle geweiht von Adalbert, Bischof der Wormser Kirche zu Ehren des Heiligen Nikolaus.«

Katharina war als russische Großfürstin enge Beraterin des russischen Zaren Alexander, der später Napoleon besiegen sollte. Denn Alexander war ihr Bruder. Ja, der französische Kaiser selbst hielt um die Hand von Katharina an, aber für den russischen Zarenhof war der Emporkömmling nicht standesgemäß. Nachdem ihr erster Mann, Prinz Georg von Holstein-Oldenburg im Jahr 1812 überraschend gestorben war, geriet sie in eine schwere Krise. Als der Wiener Kongress 1814 über die Zukunft Frankreichs beriet, traf sie dort ihren Cousin Kronprinz Friedrich Wilhelm von Württemberg, der sich bereits früher um sie bemüht hatte. 1816 heirateten sie in St. Petersburg und zogen unter großem Jubel der Bevölkerung in Stuttgart ein, wo Wilhelm im selben Jahr seinem Vater Friedrich als König nachfolgte. Die Jahre 1816 und 1817 waren in Württemberg von schweren Hungersnöten und Missernten geprägt. Die Königin engagierte sich vielfältig in ihrem neuen Reich. So sind mit ihrem Namen verbunden die Gründung des Wohltätigkeitsvereins, der Württembergischen Sparkasse, des Königin-Katharinen-Stifts, des Landwirtschaftlichen Hauptfestes und des Cannstatter Volksfestes. Was sie in drei Jahren angeregt hatte, haben andere Monarchen ihr Leben lang versäumt.

Aber nun! Katharina hatte erfahren, dass ihr Mann eine Geliebte hatte. Um das Paar inflagranti zu stellen, fuhr sie – merkwürdig leicht bekleidet – im Januar 1819 zum Gestüt Scharnhausen, wo sie die beiden vermutete. Als Folge dieser Ausfahrt erkältete sie sich sehr schwer, sie war unterkühlt, dann kam eine Gesichtsrose hinzu. Zum Entsetzen der württembergischen Bevölkerung starb die 30-jährige Königin am Morgen des 9. Januar 1819. So erzählt es jedenfalls der kürzlich verstorbene Landesgeschichtler Paul Sauer.

Ist die Grabkapelle also Ausdruck des schlechten Gewissens des Königs? Jedenfalls wurden am 5. Juni 1824, frühmorgens ab 2 Uhr, die Gebeine der Königin aus der Stiftskirche in einem feierlichen Zug auf den Württemberg geleitet, der damals noch Rotenberg hieß, und in der für sie erbauten Kapelle nach dem Ritual der orthodoxen Kirche beigesetzt. Vierzig Jahre später starb König Wilhelm I., der für den Fall seines Todes zuvor Folgendes hatte anordnen lassen: »Ich will ruhen in dem schon vor Jahren erbauten Grab neben meiner verewigten Gemahlin Katharina, wie ich es ihr versprochen habe.« Und so geschah es.

Der klassizistische Sandsteinbau des Hofbaumeisters Giovanni Salucci ist seit 1907 für die Öf-

Gegenüberliegende Seite: Württembergs berühmteste Kapelle, die Grabkapelle für Königin Katharina

Die Liebe

fentlichkeit zugänglich. König Wilhelm II. verfügte damals, dass die Bergkuppe »Württemberg« genannt werden solle. Aber der Name Rotenberg ist noch immer gebräuchlich.

Dass der Württemberg heute zu den beliebtesten Ausflugszielen der Stuttgarter zählt, liegt jedoch nicht nur an der Grabkapelle. Vor allem die wunderschönen Weinberge rund um den Württemberg locken die Ausflügler hierher. Das gilt natürlich vor allem für den Herbst, die Zeit der Weinlese. So viel landschaftliche Reize haben dann aber auch ihre Schattenseiten: An schönen Wochenenden finden sich hier Heerscharen von Autofahrern, Radfahrern und Fuß-

Der Weg durch die Weinberge von Uhlbach hinauf nach Rotenberg

gängern ein, die alle die Straße nach Uhlbach oder nach Rotenberg und dann hinauf auf die Grabkapelle nehmen.

Jennifer, eine junge Stuttgarterin, zeigt auf die Nummernschilder der Autos an den Straßen und sagt verächtlich zu ihrer Mutter: »Alles Ausländer!« In der Tat sind kaum Stuttgarter Kennzeichen dabei. Einheimische gehen den schönen Weg lieber zu Fuß. Der Blick von oben ist übrigens geradezu sensationell. Vom Eingang der Kapelle sieht man hinunter auf Untertürkheim und auf die »Mercedes-Welt«, die dort eingezwängt im Neckartal zwischen Weinbergen und Wäldern liegt. Es liegt ein seltsamer Widerspruch zwischen den grünen Wein-

Die Weinlese im Herbst ist harte Arbeit.

bergen, der unberührten Natur und der modernen Industriewelt verborgen.

Von der Terrasse des Rotenberger Weingärtle, einer typischen Weinstube, kann man den Blick auf Uhlbach genießen, neuen Wein und Zwiebelkuchen essen und sich über den Altweibersommer freuen, der über dem Neckartal liegt. In den Gärten blühen die Sonnenblumen, an den Wegen durch die Weinberge wachsen wunderschöne rote Rosen. »Dass wir so guten Wein lesen und keltern können, ist keine Selbstverständlichkeit, sondern immer aufs Neue ein Geschenk«, sagt der Wirt. Die evangelische Kirchengemeinde erinnert zu Recht daran. Deshalb findet im Oktober, zur Lese, ein Gottesdienst statt – natürlich auf Schwäbisch.

Unmöglich, Uhlbach zu besuchen und an der Gaststätte Ochsen vorbeizugehen! Den kleinen Garten überschattet vollständig ein mächtiger, weit ausladender Kastanienbaum, an einem sonnigen Tag wie heute warten die Gäste, bis andere gehen, man rückt zusammen und kommt ins Gespräch. Die Kastanie ist 1917 vom Urgroßvater gepflanzt worden, weil sein Bruder im Krieg geblieben ist. Das schreibt der Schriftsteller Victor Aadlon alias Paul Kremp, der wie kein anderer das Besondere des Ochsen schildern kann: »Wenn ich nach Stuttgart komme, gehe ich zuerst ins Leuze oder ins Berg. Am gleichen Abend zieht es mich nach Uhlbach in den Ochsen. Ich will Weinberge sehen und *meinen* Ochsen, die Schankstube, den Aufgang durch das kleine Gärtchen am Fuß des Württembergs, im besten Sinn ein schwäbisches Gasthaus, die Küche frisch und regional. Hier kann ich blind bestellen. Hier liebt man das Land und seine Leute, man liebt, was man tut, und ist mit ganzem Herzen dabei. Man ist und isst zu Hause.« Schöner kann ich es auch nicht ausdrücken. Es gibt hier selbstverständlich Weine aus den umliegenden Weinbergen und zu essen hausgemachte Leberspatzen mit Kartoffelsalat und grünem Salat oder saures Herz mit Spätzle. Die zwei Schwestern Elke und Uta Wagner führen das Haus in der vierten Generation. Wenn sie Luft haben und nicht so viele Gäste drinnen oder draußen sitzen, dann kommen sie an den Tisch und erzählen Uhlbacher Geschichten. Den Ochsen gibt es seit mehr als 120 Jahren.

In Uhlbach ist die alte Kelter von 1907 einst vor dem Abriss bewahrt worden. Heute ist sie das Stuttgarter Weinmuseum, das zu Recht in Uhlbach beheimatet ist, denn Uhlbach ist *der* Stuttgarter Weinort schlechthin. Der Weinbau war der Schrittmacher der Besiedlung des ganzen Stuttgarter Raumes. Alle frühen Siedlungen rings um Stuttgart verdanken ihre Entstehung dem Weinbau. Alte Pressen, Leiterwagen, schöne Gläser und Flaschen erzählen hier von der oft recht mühsamen Arbeit der Wengerter früher und heute. Die Herkunft der württembergischen Weine wird geschildert, etwa dass der Trollinger Mitte des 17. Jahrhunderts aus Südtirol zu uns gekommen ist und zuerst als »Welscher«, später als »Tirolinger« bezeichnet wurde. Im Weinstüble des Museums gibt es alle 14 Tage eine neue Weinkarte mit jeweils 16 Weinen aus den Keltereien und Weingütern der Region. Lohnt sich! ■

Blick durch die Weinreben hinunter nach Uhlbach

»Liebes Brüderlein, hilf mir bitte«, sagt Ruth zu ihrem Freund Gerd und er antwortet: »Liebes Schwesterlein, das tue ich doch gerne, wie du weißt!« Ruth und Gerd sind nicht etwa senile Menschen, die im Alter kindisch werden können. Sie sind zwar beide jenseits der 80, sie wirken aber beide nicht nur jünger als viele 60-Jährige, sie sind es auch, geistig und körperlich. Sie halten sich seit Jahrzehnten durch den täglichen Besuch im Mineralbad Leuze fit.

Es ist eine Freude, mit ihnen durch ihre Stadt zu wandern. Ihre Stadt, das ist der Stuttgarter Stadtteil Bad Cannstatt, der – grob gesagt – vom Pragsattel bis an die Gemarkungsgrenze zu Fellbach reicht. Wir gehen aber an einem schönen Sommertag von der König-Karl-Brücke bis zum Grab Gottlieb Daimlers auf dem Uffkirchhof, durch das »grüne O«, wie Gerd scherzhaft sagt. Die seltsame Anrede der beiden wurzelt in der Cannstatter Geschichte. Denn es gab und gibt hier heute noch eine sehr lebendige evangelische Brüdergemeinde, in der sich viele Ehepaare kennengelernt haben. »Das war auch bei meinen Eltern so«, sagt Gerd. Und die Mitglieder der Brüdergemeinde reden sich mit »Bruder« und »Schwester« oder auch mit »Brüderlein« und »Schwesterlein« an.

Ruth kann ihre Vorfahren bis ins 17. Jahrhundert zurückverfolgen. Es waren Weingärtner und Schuhmacher, redliche Handwerker. Erst Ruths Vater ist aus der Art geschlagen und ist Lehrer geworden, und das ist sie auch. Ruth hat an der Altenburgschule in der Vorstadt, jenem Teil Cannstatts links des Neckars, unterrichtet. Sie weiß wirklich fast alles über Cannstatt und hat ein bewundernswertes Gedächtnis. Als Fremdenführerin könnte sie viel Geld verdienen.

Ruth hat nichts gegen Stuttgart, im Gegenteil, aber Cannstatt ist die Heimat ihres Herzens. Auch Gerd ist in Cannstatt geboren, ihn hat es aber früh nach Hamburg verschlagen, und erst dann ist der Diplommathematiker zur Allianz nach Stuttgart gewechselt und hat dann lange in Kaltental gelebt. Aber jetzt ziehen beide in die Neue Villa Seckendorf am Rande des Kurparks, eine schöne Einrichtung der BruderhausDiakonie, in der ältere Menschen ihre eigene Wohnung beziehen können, in denen sie selbständig und autonom leben können, in denen sie aber auch Hilfe und Gespräche angeboten bekommen, wenn sie es wünschen.

Gerd sagt, dass Bad Cannstatt und die Cannstatter so eigenständig sind, dass sie gar nicht auf Stuttgart angewiesen zu sein scheinen. Und Ruth ergänzt, dass es Cannstatter gebe, die sich gegen Stuttgart abgrenzten. Sie sei aber »kulturell nach Stuttgart ausgerichtet«.

Während wir über den Seilerwasen direkt am Neckarufer auf einem ebenen Weg wandern – das Flussufer wurde für viel Geld wieder renaturiert, so dass es wirklich ein schöner Gang mitten in der Stadt, mitten in der Natur ist –, taucht das schöne Schloss Rosenstein auf der anderen Seite des Neckars auf. Wir kommen am Theaterschiff vorbei, das auf unserer Seite des Neckars liegt. Die »Frauenlob« hat seit ihrem Stapellauf 1930 vorwiegend Futtermittel durch ganz Europa transportiert. Jetzt ist sie umgebaut und beherbergt ein Theater mit 16 aufsteigenden Sitzreihen, die Frauenlob-Pianobar und ein Sonnendeck mit einem Freiluftcafé. Der Dienstagabend ist Kabarettisten und Komödianten vorbehalten, man spielt das ganze Jahr durch leichte Stücke, schräge Komödien.

Auf der gegenüberliegenden Seite des Neckars taucht jetzt auch das alte Wilhelmatheater neben dem Zoo auf, und Ruth erzählt, wie der König die Wilhelma im maurischen Stil von spanischen Bauarbeitern habe bauen lassen.

Gegenüberliegende Seite: Bad Cannstatt – hier die Marktstraße – ist in Stuttgart eine eigene, gar nicht so kleine Welt für sich.

BUCHER WAGNER
strohm

Bad Cannstatt ist nicht nur der größte, sondern auch der bei weitem älteste Stadtteil von Stuttgart. Kelten siedelten hier, die Römer kamen im ersten Jahrhundert und legten ein Reiterkastell an. Der Philosoph Gottfried Wilhelm Leibniz hat im Jahr 1699 vorgeschlagen, die Residenz aus Stuttgart nach Cannstatt zu verlegen, weil diese Stadt die bedeutendere der beiden Siedlungen am Neckar sei. Noch heute gibt es hier Vorträge, die sich mit der Frage beschäftigen, was aus Württemberg geworden wäre, und aus Cannstatt natürlich, wenn das Herzogshaus dem Rat des Denkers gefolgt wäre.

Der Badearzt Heinrich Ebner jedenfalls urteilte 1868 in seinem Buch »Album von Cannstatt und Umgebung«: »Wenn das so viel angefochtene Wort von Anselm Feuerbach: Der Mensch ist, was er isst, wahr spricht, dann sind die Cannstatter und die sich in Cannstatt aufhaltenden Gäste, wenigstens den Gasthöfen und Restaurationen nach zu urteilen, ganz vortreffliche Menschen. Man wird nicht leicht eine Stadt von dem Umfang und den Verhältnissen Cannstatts finden, in welcher so viel für den materiellen Lebensgenuss gesorgt als eben hier und erklärt sich hieraus auch zum Teil die Vorliebe der Stuttgarter für Cannstatt. Der Leser wird sehen, dass Cannstatt ist, was man ein behagliches Nest zu nennen pflegt, ein Ort, an welchem alle erlaubten Genüsse großer Städte gekostet werden können. Es hat einen Gasthof, der sich mit den berühmtesten des In- und Auslands messen kann, es hat etwa ein halbes Dutzend anderer, die ohne auf den ersten Rang Anspruch zu machen, dennoch jedes Lobes wert sind, es hat endlich Restaurationen von fesselnder Behaglichkeit, so dass der Stuttgarter, welcher mit den Abendzügen heimkehrt, eher den letzten Nachtzug benutzt, als einen der früheren Züge.«

Es ist das Cannstatter Volksfest, nicht das Stuttgarter!

Wir landen im Zentrum der Stadt, der Marktstraße, dem Marktplatz. An Markttagen ist der Platz übersät von Blumen, von frischem Obst und Gemüse. In der Marktstraße steht der Erbsenbrunnen, geziert von einem kleinen Jungen. In

Verlockende Vielfalt und farbenfrohes Angebot am Markttag in Cannstatt

der Sauerwasserstadt Cannstatt mit ihren vielen Mineralquellen war dieser Brunnen der einzige, der so »süßes« Wasser geliefert hat, dass man Hülsenfrüchte wie Erbsen in seinem Wasser kochen konnte. Auf diesen Brunnen ist übrigens Richard von Weizsäcker, der ehemalige Bundespräsident, besonders stolz. Der Bildhauer Fritz von Graevenitz, Weizsäckers Onkel, hat diese Figur 1929 erschaffen. Und als Vorbild diente ihm – der künftige Bundespräsident.

Nahe der Marktstraße steht auch das »Klösterle«, das älteste Wohnhaus Stuttgarts. Bis zur Reformation wohnten hier Beginen, ein Frauenorden ohne Ordensregeln. Heute ist hier ein für die Weinstadt

Cannstatt so typisches Weinlokal untergebracht, in dem man auch vorzüglich isst. Und davor befindet sich auf dem Thaddäus-Troll-Platz die Plastik »D'r Entaklemmer« nach dem gleichnamigen Werk des Cannstatter Mundart-Poeten Thaddäus Troll. Die Stadt scheint die richtige Atmosphäre, den Geist zu haben, in dem Genies und große Begabungen blühen. In Cannstatt wirkten nicht nur Gottlieb Daimler und Wilhelm Maybach, nein, hier ist auch die Mutter von Albert Einstein geboren, hier gingen der Dichter Hermann Hesse ebenso zur Schule wie Ferry Porsche und die Konstrukteure Ernst Heinkel und Hellmuth Hirth. Welche andere Stadt kann so viele große Köpfe vorweisen?

Auf unserem Rundgang kommen wir zu den Kuranlagen und gehen weiter die Taubenheimstraße entlang. Dort befindet sich das Original-Gartenhaus von Gottlieb Daimler, das nur wenige Schritte von seinem Privathaus entfernt lag. Von diesem Haus sind heute noch die Grundmauern erhalten. Gottlieb Daimler ist der Pionier der Mobilität. Der Dreizack, der Mercedes-Stern, verkörpert die Ziele Daimlers – er wollte fliegen, auf dem Wasser fahren und natürlich auf Straßen. Er hat alle seine Ziele erreicht. Im Geheimen tüftelte er von 1882 an mit seinem Gefährten Wilhelm Maybach in seinem Gartenhaus. Am Ende stand die Erfindung des schnelllaufenden Benzinmotors – mithin die Mobilisierung der Welt.

Kann man von Cannstatt erzählen, ohne das Cannstatter Volksfest zu erwähnen? Nein. Es heißt nicht Stuttgarter Volksfest, es heißt tatsächlich Cannstatter Volksfest. Seit 1818 gehört der »Wasen« zum Stuttgarter Herbst wie die Wiesn zu München. Kinder kaufen begeistert Lose, gewinnen Stoffschlangen, altertümliche Karusselle drehen sich neben »High-Tech-Schreckens-Events«, für alle Altersklassen und für alle Geldbeutel gibt es unzählige Angebote und Verlockungen. Und wenn ein Heimspiel des VfB Stuttgart, der natürlich ein Cannstatter Verein ist, auf ein Wasenwochenende trifft, dann gibt es auf dem Volksfest ohnehin kein Halten mehr – vorausgesetzt natürlich, die Roten haben gewonnen.

Es fehlt eigentlich nur noch die Geschichte, die erzählt, wie die Cannstatter zu ihrem eigentümlichen Namen gekommen sind. Will man sie ärgern, nennt man sie nämlich »Mondlöscher«! Demnach ist am Abend des 9. April 1887 die kurz zuvor ins Leben gerufene freiwillige Feuerwehr ausgerückt, weil ein paar Zechbrüder dachten, die Kapelle des Uffkirchhofs würde brennen. Es war jedoch nur der tiefrot aufgehende Vollmond, der die Kapelle in ein seltsames Licht getaucht hatte. Seither haben die Cannstatter ihren Necknamen weg. ■

Bad Cannstatt ist ein multikultureller Ort.

Das Mercedes-Benz Museum

Gegenüberliegende Seite: Das Mercedes-Benz Museum zählt unbestritten zu den markantesten Gebäuden der Welt.

»Ich glaube an das Pferd, das Automobil ist eine vorübergehende Erscheinung«, so urteilte seinerzeit Kaiser Wilhelm II. über die größte technische Neuerung des ausgehenden 19. Jahrhunderts, in unseren Zeiten nur noch mit der Veränderung der Welt durch Computer und Internet vergleichbar. Und so steht tatsächlich ein Pferd am Beginn der Ausstellung im Mercedes-Benz Museum im obersten Geschoss des bemerkenswerten Museumsbaus. Dabei war der deutsche Kaiser doch das, was man heute einen Technik-Freak nennt, er hatte später 25 Automobile.

Mercedes ist immer noch das Maß aller Autos. Der Ausspruch von Gottlieb Daimler »Das Beste oder nichts« hat nichts von seiner Gültigkeit verloren. Das gilt nicht nur für die Autos aus Stuttgart, es gilt auch für das elegant geschwungene Museum selbst. Die Architekten Ben van Berkel und Caroline Bos vom UNStudio in Amsterdam haben einen Klassiker des 21. Jahrhunderts gebaut, der ebenso wie das Porsche Museum in Stuttgart-Zuffenhausen dafür sorgt, dass Stuttgart inzwischen weltweit mit seinem Ansehen als Autostadt werben kann – und großen Erfolg damit hat.

Martin Steinlehner, der Leiter Marketing & Kommunikation im Mercedes-Benz Museum erzählt wunderbare Geschichten, während wir langsam von oben nach unten durch die Schau gehen. Im Mercedes-Museum beginnt der Rundgang nämlich im obersten Stockwerk! Bei den berühmten Silberpfeilen steht dann unvermittelt ein leuchtend roter Rennwagen von Mercedes. Wieso das? Weil Mercedes auf der ganzen Welt fast alle Autorennen gewonnen hat, nur nicht die berühmte »Targa Florio« in Italien. Man hat damals, zur Hochzeit der Silberpfeile, natürlich bei Daimler gegrübelt, wie das geschehen konnte – Jahr für Jahr. Daraufhin hat man die Rennstrecke beobachtet und dabei festgestellt, dass Bauern ihre Schafe auf die Straße trieben, wenn die Silberpfeile angeschossen kamen, während die Ferraris freie Fahrt hatten. Kurzerhand fuhr der Mercedes im nächsten Jahr mit derselben Farbe wie Ferrari – und gewann.

Aber wie kam es überhaupt zu den »Silberpfeilen«? 1934 war das Gewichtslimit für Rennwagen auf 750 Kilogramm festgelegt. Der Mercedes erwies sich damals beim Wiegen am Tag vor dem Rennen aber als zu schwer – genau um 1,8 kg. Die Techniker erklärten dem Rennleiter Neubauer, der Wagen sei schon in Leichtbauweise erstellt, sie könnten nichts mehr herausnehmen. Die einzige Lösung lag darin, sorgfältig die Farbe des Autos abzukratzen, den damals sehr schweren weißen Lack. Zum Vorschein kam die Farbe der Grundierung, das Silber, das von da an zum Kennzeichen der Mercedes-Rennwagen wurde. Denn dann stimmte das Gewicht und Mercedes siegte und siegte und siegte.

Übrigens war auch Prinzessin Diana ein großer Mercedes-Fan, sie fuhr privat einen SL. Aber die Frau des britischen Thronfolgers in einem deutschen Auto? Das ging dem Königshaus denn doch gegen den Strich. Und so musste die Prinzessin der Herzen ihren Mercedes nach nur neun Monaten wieder zurückgeben und fortan in einem britischen Auto fahren.

Jährlich werden 2000 Schulklassen durch das Museum geführt. Das Interesse an der Vergangenheit und an der Zukunft des Autos ist nach wie vor ungebrochen. Da kann keine Schulstunde mithalten. Das Museum ist natürlich online präsent, als Applikation gibt es ein Kartenspiel, ein Quartett wie anno dazumal. Doch wer gedacht hat, solche Spiele kommen heute nicht mehr an, der täuscht sich gewaltig. Innerhalb einer Woche wurde das Quartett 100 000-mal abgerufen.

Wer möchte sich nicht neben einem Mercedes-Oldtimer fotografieren lassen?

Eine Ausstellung über die Zukunft des Autos soll bald eingerichtet werden, die Vergangenheit soll das Museum nicht dominieren. So ist ja zum Beispiel die Frage nach dem Antrieb der Zukunft völlig offen, Wasserstoff oder Hybrid oder etwas ganz anderes, wer will das heute schon sagen? Und weil der Jugend die Zukunft gehört, gibt es während des ganzen Jahres Workshops für Kinder getrennt nach Altersklassen, für 5- bis 7-Jährige, für 7- bis 11-Jährige, und 9- bis 12-Jährige dürfen sich ihr eigenes Auto der Zukunft modellieren. Sie dürfen das Feuerlöschen üben, können Geburtstagspartys veranstalten oder Jazz hören. Klar, dass auch erstklassiges Essen zum Besuch des Museums gehört.

Welches ist nun der schönste Mercedes? Der Mercedes unter den Mercedes sozusagen? Jeder hat seinen Liebling, aber vermutlich kann sich der größte Teil der Mercedes-Gemeinde schnell darauf verständigen, dass der Flügeltürer von 1954 ganz vorne steht. Er hat nichts von seiner Eleganz verloren. Dabei waren die Flügeltüren keineswegs ein Einfall der Designer, wie man meinen könnte, sie waren technisch bedingt. Denn das Auto war sehr leicht, an den Seiten mit stabilen Rohren abgesichert, so dass der Einstieg über eine normale

Seitentüre unmöglich war. Rosemarie Nitribitt hat der Verbreitung des Autos geschadet, denn das berühmteste Frankfurter Callgirl hat in den Wirtschaftswunderjahren mit ihrem Flügeltürer posiert und reiche Kunden geworben. Solche Fotos gelangten nach ihrer Ermordung an die Presse, in die Illustrierten und brave reiche Bürger konnten sich daraufhin dieses Auto nicht mehr vor ihre eigene Tür stellen. Heute ist der Sammlerwert eines Flügeltürers ins Unermessliche gestiegen.

Und die Geschichte, wie der Mercedes zu seinem Namen kam, wird auch immer wieder gerne gehört. Der österreichische Geschäftsmann Emil Jellinek kaufte 1897 bei Gottlieb Daimler und Wilhelm Maybach sein erstes Automobil und beschwerte sich postwendend, dass ihm die 24,4 Kilometer pro Stunde viel zu langsam seien. Er forderte ein Auto mit 40 Stundenkilometern und schrieb dann stolz: »Meine Herren, Sie hatten unrecht, sich zu ereifern. Ich bin, hören Sie, mit 42 Stundenkilometern gefahren. Ihre Wagen sind nicht auseinandergebrochen, ich selbst habe mich nicht verflüchtigt. Ziehen Sie die Lehre daraus!«

Schon ein Jahr später startete Emil Jellinek mit einem Automobil aus der Daimler-Schmiede bei einem Autorennen in Südfrankreich. Da er bei dem Rennen lieber anonym bleiben wollte, meldete er seinen 28-PS-Boliden auf den Namen seiner zehnjährigen Tochter Mercedes an, die er vergötterte. Jellinek gewann. Später stieg er auf zum Alleinvertreter der Stuttgarter Autobauer für Österreich, Ungarn, Frankreich und Amerika. Und Gottlieb Daimler stimmte seinem Vorschlag zu, die neuen Wagen Mercedes zu nennen. Seit 1902 ist die Marke gesetzlich geschützt, Jellinek war Mitglied des Aufsichtsrates der Daimler-Motoren-Gesellschaft geworden. Später führte er den Namen Jellinek-Mercedes. Der Tochter und ihrem Vater sei Dank! ■

Aneinandergereiht stehen hier die Rennwagen – wie an Schnüren von oben nach unten.

Das Porsche Museum

»Am Anfang schaute ich mich um, konnte aber den Wagen, von dem ich träumte, nicht finden. Also beschloss ich, ihn mir selber zu bauen.« Wer kann schon so über sich reden. In der Familien-Geschichte der Porsches und Piëchs gibt es aber mindestens drei geniale Autonarren und Erfinder. Nicht nur Ferdinand Porsche, auf den das hier erwähnte Bonmot zurückgeht.

Die Auto-Geschichte der Porsches hat aber mit Ferdinand Porsche angefangen, der – was fast unbekannt ist – um 1900 auch das erste Hybridauto der Welt gebaut hat. Er hat den Volkswagen entwickelt, er war Chefkonstrukteur bei Daimler. Ja, erst Mercedes hat Ferdinand Porsche nach Stuttgart geholt, hat ihm 1923 die Dienstvilla – übrigens von Paul Bonatz erbaut – auf dem Killesberg hingestellt und sie ihm dann als Abfindung wiederum überlassen, als er fünf Jahre später Mercedes verließ, um sich selbständig zu machen. Denn Mercedes schloss sich 1926 mit Benz zur Mercedes-Benz AG zusammen – und es gab plötzlich zwei Chefkonstrukteure im neu verschmolzenen Unternehmen, für Ferdinand Porsche einer zu viel. Im Porsche Museum in Zuffenhausen steht übrigens der Monza-Rennwagen, ein Vorläufer der Mercedes-Silberpfeile, konstruiert von Ferdinand Porsche. Was hätte für Mercedes aus der Zusammenarbeit mit Porsche noch alles entstehen können!

Aber für Stuttgart ist es natürlich besser, dass weltweit der Name unserer Stadt mit zwei Automarken verbunden ist, die zu den allerbesten gehören. Porsche in Zuffenhausen und Mercedes in Untertürkheim bilden heute Gott sei Dank einen integralen Teil von Stuttgart. Sie prägen mit ihren atemberaubenden Bauten das Bild der Stadt, wie es in den fünfziger Jahren der Fernsehturm getan hat. Auch er damals eine unerhörte technische Neuerung und das Vorbild vieler anderer Fernsehtürme von Moskau bis Ostberlin und Toronto. Alle diese Bauten sind ein Zeugnis für die Weltoffenheit, für den technischen Fortschritt, sie sind lebendige Baudenkmale gegen die angebliche schwäbische Kleinbürgerlichkeit.

Nach dem Zweiten Weltkrieg hatte Ferry Porsche, der Sohn, 1948 die damals verrückte Idee, einen Sportwagen zu bauen. Er legte damit den Grundstein für den Erfolg von Porsche. Der 911, die Ikone unter den Porsche-Modellen, ist ebenso sein Werk. Heute stehen, vor allem in Asien, der Panamera und der Cayenne für Porsche.

Ohne Ferdinand Piëch wiederum, der kürzlich VW und Porsche zu einem weltweit führenden Autokonzern vereint hat, wäre das Porsche Museum halb leer. Denn Piëch hat für Porsche in den sechziger und in den siebziger Jahren ungemein erfolgreiche Rennautos entwickelt. Natürlich ohne Rücksicht auf die Kosten, denn Piëch war schon damals der Qualitätsfanatiker. Drei Generationen und solche Anhäufung von Begabung und Genie. Das kann man nur bewundern.

Bewundern kann man auch die Architektur des Porsche Museums, wie das Mercedes-Benz Museum ein Meilenstein der Architektur des 21. Jahrhunderts. Vor einigen Jahren war das bautechnisch noch nicht möglich. Der Bau hat die Dynamik von Porsche in Stahl und Beton umgesetzt, sagt Dieter Landenberger, der Leiter des Historischen Archivs von Porsche. Auf drei mächtigen Säulen ruht ein dynamisch geformter Baukörper, der zu schweben scheint. Um diesen Bau zu sichern, wurden mehr als 8000 Tonnen Stahl verbaut, mehr als im ganzen Eiffel-Turm in Paris. Schließlich wiegt der Ausstellungsbereich rund 35 000 Tonnen. Schier unfassbar, dass so ein Gebäude steht. Das Museum wurde von dem Wiener Architekturbüro Delugan

Gegenüberliegende Seite: Auch das Porsche Museum hat ein unverwechselbares Gesicht – ein unglaublich kühner Bau.

PORSCHE MUSEUM

Der Ur-Käfer ist in Zuffenhausen entstanden.

Meissl Associated Architects entworfen. Auch im Inneren enthält es einzigartige architektonische Besonderheiten. Zum Beispiel kann der Besucher direkt vom Café in die Museumswerkstatt für historische Fahrzeuge sehen und die Renovierungsarbeiten an den alten Autos beobachten. Der Ort lebt. Diese Werkstatt kümmert sich um die 450 Oldtimer der Sammlung im Museum. Sie sind allesamt fahrtüchtig. Hier baut alles darauf auf, dass »Porsche keine Asche zeigen, sondern die Flamme am Leben erhalten will«, sagt Landenberger. Deshalb entwerfen auch hier Kinder in den Sommerferien eigene Autos – mit fachkundiger Hilfe natürlich. Man reizt im Museum den Sachverstand von Ingenieuren und man will fünfjährige Kinder erfolgreich ansprechen. In der Tat werden hier viele Besucher zu Kindern und viele Kinder zu Konstrukteuren. Die Faszination der Marke Porsche ist ungebrochen.

Hier in Zuffenhausen entstand ab 1938 die »Null-Serie« des späteren VW-Käfers, lange Zeit das erfolgreichste Auto der Welt. Mit dem Käfer entdeckten die Deutschen in den fünfziger und in den sechziger Jahren den Süden, Italien, Griechenland und Frankreich. Ein Exemplar steht natürlich im Museum.

Porsche gilt als Männermarke, und doch gehören in den USA bei einigen Modellen mehr als 50 Prozent der dort fahrenden Autos Frauen, insgesamt liegt der Anteil der Frauen bei rund 15 Prozent. Zu den berühmtesten gehörte Janis Joplin mit ihrem Porsche-Mercedes-Lied, und der allererste Porschekunde nach dem Zweiten Weltkrieg war eine reiche Züricherin, Jolanda Tschudi, eine schon damals emanzipierte Frau, die jahrelang mit dem Flugzeug Afrika erkundete.

Stuttgart kann stolz sein auf seine Autobauer – und auf seine Museen. ■

Matthias Buck muss alles können. Eigentlich ist er Gas- und Wasserinstallateur. Aber seit mehr als 20 Jahren arbeitet er am und im Fernsehturm. Er hat sich heute von außen am Turm abgeseilt. Buck tauscht Glühbirnen im Gittermast über dem Korb aus, er wartet, wie es in der Fliegersprache heißt, die Flugwarnbefeuerung, und wenn der Herd im Fernsehturm-Lokal mal kaputt geht, dann repariert ihn auch Buck.

Als der gebürtige Cuxhavener sich vor mehr als 20 Jahren beim damaligen SDR beworben hat,

Das Markenzeichen Stuttgarts und Vorbild für viele Fernsehtürme in aller Welt

war sein Traum von der Seefahrerei und dem Leben auf einer Bohrinsel beendet. Es ging den deutschen Werften damals nicht gut, und Arbeitsplätze waren im hohen Norden rar. Seiner Mutter hat er damals erzählt, dass er sich beim Südfunk um eine Stelle als Nachrichtensprecher bewerbe. Erst als sie ihn für den Fernsehturm genommen haben, ist er mit der Wahrheit herausgerückt. Buck sagt: »Die Arbeit macht Spaß!« Der Turm ist von 9 Uhr bis 23 Uhr geöffnet. Das bedeutet: viele Besucher während eines Tages. Zusammen mit der Feuerwehr machen die vier Techniker, die im Schichtdienst im Turm arbeiten, deshalb regelmäßig Übungen aus der Fensterputzgondel. Die Hauptaufgabe der Techniker ist aber natürlich, die zwei Aufzüge zu warten, die unabhängig voneinander arbeiten.

Der Turm hat nichts von seiner Schönheit, seinem genialen Entwurf verloren. Und zu Recht ist er für die allermeisten Stuttgarter unbestritten das Wahrzeichen ihrer Stadt. Nicht die Schlösser, nicht die modernen Museen stehen für Stuttgart, sondern Fritz Leonhardts Turm, der 1955 eröffnet wurde und später weltweit nachgebaut worden ist. Der Bauingenieur schrieb kurz nach der Eröffnung des Turms: »Es geht nun das Gerücht um, dass der Pächter des Restaurants, Herr Radmann, bereits die Anweisung habe, stets für die gleichmäßige Verteilung seiner Gäste zu sorgen, weil der Turm eine einseitige Belastung des Restaurants nicht vertragen würde.« Den Gerüchten über die Schwankungen des Turms begegnete der geniale Architekt auf seine Weise: »Der Kopf des Turms verträgt eine Nutzlast von 300 Tonnen. Vergleichen wir nun damit das Gewicht von 200 Restaurantbesuchern von 1956, also bereits wieder wohlgenährt, so beträgt dies höchstens 16 bis 18 Tonnen.«

Ab einer bestimmten Windgeschwindigkeit schalten die Techniker die Aufzüge auf eine langsamere Geschwindigkeit – statt 5 Meter pro Sekunde auf 2 Meter pro Sekunde. Bei Windgeschwindigkeiten von 130 Stundenkilometer und höher werden die Aufzüge automatisch eingestellt. Das ist ein einziges Mal geschehen, als der Orkan Lothar im Dezember 1999 über Stuttgart hinwegraste. Da wurde die Treppe benötigt, um Gäste sicher hinunterzubringen. Aber der Turm selbst hat auch dieses Unwetter unversehrt überstanden.

Der Turm ist nicht nur Touristenattraktion, er ist im Gebrauch. Heute sendet er aber nicht mehr die Fernsehprogramme der ARD. Vom Fernsehturm sendet jedoch der SWR die UKW-Radioprogramme und die des Deutschlandradios. Das gesamte Sendernetz des Südwestdeutschen Rundfunks lässt sich von hier aus überwachen.

Zu einer seiner größten Attraktionen aber gehört die Meisterschaft im Treppenlauf. Buck braucht rund acht Minuten für die 762 Stufen. Als er in der Zeitung gelesen hat, dass Thomas Dold, der Weltmeister im Treppensteigen in Degerloch zu Hause ist, hat er ihn ausfindig gemacht und ihn zu einem Treppenlauf eingeladen. Buck hat es noch gut verkraftet, dass Dold in 4 Minuten und 5 Sekunden die Treppe hinaufgelaufen ist. Was ihn dann aber völlig fertiggemacht hat: Dold lief die Treppe dann noch zwei Mal ohne Anzeichen einer Anstrengung hinauf, wobei er mit dem Aufzug hinuntergefahren ist.

Für mich stoppt Buck den Aufzug in einer Höhe von 75 Meter und sagt: »Jetzt geht's die Treppe hinunter, damit Sie ein richtiges Turmfeeling bekommen.« Also geht's auf die enge Treppe. Den Muskelkater habe ich noch tagelang gespürt.

Der größte Gegner des Turms ist entgegen allen Erwartungen nicht der Wind, sondern die Sonne. Wenn die Sonne auf eine Seite des Turms scheint, ist die andere wesentlich kühler. So kann es zu Rissen in der 82 Zentimeter dicken Haut des Turms kommen. Einer ist auch zu sehen. Bei der grundlegenden Sanierung des Turms haben die Denkmalschützer darauf gedrungen, dass dieser Riss von außen sichtbar bleiben muss. Es ist wie ein Appell, den Turm ständig zu pflegen. Für Matthias Buck eine Herzensangelegenheit. ■

Gegenüberliegende Seite: »Fernsehen« auf der Besucherplattform des Fernsehturms